轻松应对100个育儿挑战

[法]卡罗琳·詹邦 ◎ 著
[法]阿德杰 ◎ 绘
晏梦捷 ◎ 译

中国轻工业出版社

图书在版编目（CIP）数据

轻松应对100个育儿挑战 /（法）卡罗琳•詹邦著；（法）阿德杰绘；晏梦捷译. — 北京：中国轻工业出版社，2025.1
ISBN 978-7-5184-4726-8

Ⅰ.①轻… Ⅱ.①卡… ②阿… ③晏… Ⅲ.①家庭教育 Ⅳ.①G78

中国国家版本馆CIP数据核字（2024）第058070号

版权声明：

©HATIER, Paris, 2022, 100 solutions pour rendre votre quotidien plus serein (Author: Caroline Jambon, Illustrator: Adéjie), collection Les Ateliers de l'Eveil. Simplified Chinese edition arranged through Dakai L'agence.

责任编辑：程　莹　　责任终审：李建华　　设计制作：锋尚设计
策划编辑：程　莹　　责任校对：朱　慧　朱燕春　　责任监印：张　可

出版发行：中国轻工业出版社（北京鲁谷东街5号，邮编：100040）
印　　刷：北京博海升彩色印刷有限公司
经　　销：各地新华书店
版　　次：2025年1月第1版第1次印刷
开　　本：880×1230　1/32　印张：7
字　　数：240千字
书　　号：ISBN 978-7-5184-4726-8　定价：68.00元

邮购电话：010-85119873
发行电话：010-85119832　010-85119912
网　　址：http://www.chlip.com.cn
Email：club@chlip.com.cn
版权所有　侵权必究
如发现图书残缺请与我社邮购联系调换
230724S3X101ZYW

前言

您手中正捧着的这本书是本人上本拙作《情感共育：与我们的孩子共同成长》的实践版。

"情感共育"是我创立的一项理论，旨在表达这样一种观念：父母和孩子可以共同成长。可以料想，家庭生活不免会状况频出，让我们焦头烂额，比如孩子会发脾气（包括告状、骂人、与我们对着干、突然愤怒等）、旧有人际关系破裂，再比如夫妻双方由于原生家庭不同甚至文化背景不同，会出现各种冲突……其实，每当孩子情绪波动甚至失控时，我们作为父母陪伴在其左右，也是通过痛苦的体验来应对自己内心的脆弱。因此，我们要运用一些方法来关照自己，比如阅读、与其他家长交流、纠正错误，甚至接受治疗，借此让自己在孩子情绪波动时表现得更加稳定，也让我们在与孩子交流时情感更可控。从这个意义上说，我的上一本拙作确实更偏向理论层面，因为在那本书中我阐释的"情感共育"更侧重于教会大家如何从理性角度思考，如何用全新的思维方式学习新的实践方式或更积极的父母之道。**如果为人父母者不改变自己的思维方式，就会用一些既脱离实际又损害亲子关系的错误方法教育孩子，最终让自己背负使用无效甚至有害的教育方式的骂名。**

面对孩子让人头痛不已的各种行为，"情感共育"教我们从以下几个要素进行思考。

1. 环境（背景）
2. 成长阶段
3. 能力
4. 依恋和游戏
5. 需求
6. 情绪
7. 共情

8. 关照自己（自我共情和个人经历）

9. 犯错的权利

在本书中，我将带领大家从理论转向实践，通过协调父母与孩子的需求，来构建兼顾每位家庭成员的动态的亲子关系。我写这本书的初衷就是想兼顾孩子和父母，书中提及的所有方法可认为是改善亲子关系的起点，也可视作有效的意见或建议。本书中的例子均取材于日常生活场景，是平日里父母与孩子间各种"鸡飞狗跳"与"剑拔弩张"的再现，我运用**"情感共育"**的九大要素对其进行了分析。

我将这些例子归纳为**常见的100个育儿问题**，并将其分为**六大板块**：

日常生活（吃饭、睡觉、穿衣……）；

亲子对抗；

手足之争；

校园生活（学习、作业、注意力、同学关系……）；

会造成各种问题的情绪危机（如生气、焦虑、内向、过度敏感……）；

父母之道（疲惫、内疚、夫妻不和、面对孩子充满负面情绪……）。

针对每一个日常育儿挑战，我尽量以多个"情感共育"要素为基础，越过所听所见的表象，挖掘每个行为背后的深层原因和动机。希望书中提出的100个育儿问题的解决办法能帮助各位父母从与子女的关系角力中解脱出来，避免因无法理解孩子的心理，又缺乏合适的育儿方法，最终深陷育儿泥潭之中。

然而，如果父母自身的成长经历中就充满暴力式教育（如"习以为常"的打屁股或贬低式语言），那要想忘记长久以来的习惯性动作（如吼叫、体罚、威胁等）是很困难的，也需要花费大量时间。我们自己成为父母后，在某时某刻，会不可避免地做出自己意想不到的"不慈祥"行为。但即使出现此类行为，也并不意味着做父母很失败。那些"失败"的做法正能促使父母反思自己的长远目标，并痛定思痛，下定决心在日常的育儿实践中身体力行。我希望与诸位父母一起，将育儿过程中的挫折与内疚转化为不竭动力，不断调整自身的期待和行为。

此外，在本书中我还阐释了另一个问题，即为何某些理应积极有效的育儿方法有时会失灵。作为父母，您是不是遇到过类似情况：给孩子提出好几个选项，却被他一一拒绝；跟孩子说"不行"，他却置若罔闻；已经用正面的语言立了规矩，但孩子根本不听……"情感共育"关注的正是如何不再重蹈覆辙。"情感共育"理论认为，育儿应当建立在以"善待"为基础的个人道德之上（即尊重每位家庭成员的完整人格和尊严），同时，"人"的身份应先于"父母"的身份，先成为自己，再学习如何做合格的父母。

本书中提出的一些观点在日常如"抱着火药桶"般的日子里会显得难以执行，但渐渐地，伴随着一次次尝试、一步步实践，甚至一些弯路，您会发现，这些观点最终有助于应对育儿挑战……

有时候，付出时间就能获得胜利，这也让生活变得更美好。

目录

日常生活 12

1　孩子不肯洗澡怎么办 14
2　孩子不肯刷牙怎么办 16
3　孩子总忘记洗手怎么办 18
4　孩子不肯好好吃饭怎么办 20
5　孩子不肯吃蔬菜怎么办 22
6　孩子总是不能乖乖地坐在餐桌前怎么办.........24
7　孩子遇到场景转换就哭怎么办 26
8　孩子不肯睡觉怎么办 28
9　孩子总在夜里醒来怎么办 30
10　孩子乘车不喜欢系安全带怎么办 33
11　孩子不肯穿衣服怎么办 34
12　孩子在临出门前总是磨蹭怎么办 36
13　孩子早上磨蹭玩耍怎么办 38
14　孩子不肯做家务怎么办 40
15　孩子总是拒绝/忘记收拾东西怎么办..............42
16　孩子很懒惰怎么办 44
17　孩子总是笨手笨脚怎么办............................46

18 孩子害怕看医生（如打针、吃药、看牙）
怎么办 48
19 孩子沉迷于玩电子游戏怎么办 50
20 孩子爱玩一些打仗游戏怎么办 52

亲子对抗 54

21 孩子喜欢咬人怎么办 56
22 孩子喜欢打人怎么办 58
23 孩子一生气就扔/摔东西怎么办 60
24 孩子一受挫就发脾气怎么办 62
25 孩子很"任性"怎么办 64
26 孩子说脏话怎么办 66
27 孩子爱说谎怎么办 68
28 孩子偷东西怎么办 70
29 孩子总是说"不"怎么办 72
30 孩子不讲理怎么办 74
31 孩子总是赌气怎么办 76
32 孩子爱哭怎么办 78
33 孩子不听话怎么办 80
34 孩子不遵守规矩怎么办 82
35 孩子总坐不住怎么办 84
36 孩子容易冲动行事怎么办 86
37 孩子总是抱怨怎么办 88

手足之争 90

- 38 孩子们一言不合就开吵怎么办 92
- 39 大宝总是凶小宝怎么办 94
- 40 孩子总打架怎么办 96
- 41 孩子们总是抢同一件东西怎么办 98
- 42 有个孩子觉得缺爱了怎么办 100
- 43 孩子责备我怎么办 102
- 44 如何为小宝的到来做准备 104
- 45 大宝总是忌妒小宝怎么办 106
- 46 小宝总是忌妒大宝怎么办 108
- 47 孩子们总想一争高下怎么办 110

校园生活 112

- 48 孩子学习上有困难怎么办 114
- 49 孩子不想做作业怎么办 116
- 50 孩子很容易分心怎么办 118
- 51 孩子不肯上学怎么办 120
- 52 孩子在学校总丢三落四怎么办 122
- 53 孩子一到放学时就大哭大闹怎么办 124
- 54 孩子有"开学恐惧症"怎么办 126
- 55 孩子总是轻易放弃怎么办 128
- 56 孩子是"完美主义者"怎么办 130

57	孩子没有朋友怎么办	132
58	孩子有"成绩焦虑症"怎么办	134
59	孩子受到嘲笑怎么办	136
60	孩子害怕犯错怎么办	138
61	孩子缺乏自信怎么办	140

情绪危机 142

62	孩子太生气了怎么办	144
63	孩子无法安静下来怎么办	146
64	孩子胆子小怎么办	148
65	孩子不停地哭怎么办	150
66	孩子很失望怎么办	152
67	孩子容易兴奋怎么办	154
68	孩子总是很不安怎么办	156
69	孩子很难换位思考怎么办	158
70	孩子看到骇人场景受了惊吓怎么办	160
71	孩子遭遇了事故怎么办	162
72	孩子太有攻击性怎么办	164
73	孩子很内向怎么办	166
74	孩子很敏感怎么办	168
75	孩子被朋友疏远了怎么办	170
76	孩子处于困境中时不喜欢别人靠近怎么办	172
77	孩子拒绝吐露心声怎么办	174

78	孩子不听从我的建议怎么办	176
79	孩子无法忍受分离怎么办	178

父母之道 180

80	我用积极的话语下达指令，但孩子依旧不听怎么办	182
81	我说了"不行"，但孩子仍然我行我素怎么办	184
82	我提供了选择，但孩子通通拒绝了怎么办	186
83	孩子的情绪让我高度紧张怎么办	188
84	我没办法心平气和地和孩子沟通怎么办	190
85	我无法冷静面对发脾气的孩子怎么办	192
86	我不喜欢陪孩子一起玩怎么办	194
87	每次给孩子立规矩，我都有罪恶感怎么办	196
88	我很难开口说"不"怎么办	198
89	我觉得自己被孩子抛弃了怎么办	200
90	我感到不知所措和无助怎么办	202
91	我不能善待自己怎么办	204
92	我感到自己筋疲力尽了怎么办	206
93	我总是把孩子的需要放在我的需要之前怎么办	208
94	我无法控制自己的愤怒情绪怎么办	210

95 我惩罚了孩子，但对此感觉很内疚怎么办........212
96 我吼了孩子，不知道该如何修复亲子关系
　　怎么办..214
97 我"倾听"了孩子的情绪却无能为力怎么办.....216
98 我和另一半无法就教育问题达成一致怎么办....218
99 我受不了别人的批评和说教怎么办..................220
100　我需要支持，但不知道该向谁求助怎么办......222

日常生活

有娃的日常是崩溃的,这点你我皆知。

不肯睡觉,不肯穿衣服,临出门前极限拉扯……即便再有耐心的父母,这也是他们几乎每天都会"接收"的常规"大礼包"。"情感共育"为父母们提供了理性思考的新角度。

"情感共育"的方法根据孩子的年龄、家庭构成以及每位家庭成员的性格特点进行尝试,并实现共同成长。

如果我们正在努力进行育儿实践,那就必须透过现象看本质。比如,弄清楚在刷牙这件事中孩子到底不喜欢什么,是不是有什么事情在阻止孩子刷牙。敢于真心倾听孩子的声音或敢于理解孩子,并不等同于一味迁就,也不是要彻底放弃培养孩子良好的个人卫生习惯,更不是要在家里以"好好先生"的名义当甩手掌柜。所谓倾听和理解,是指从孩子的动机(可能隐藏起来)出发,从孩子的"堵点"出发,从孩子的成长阶段出发,去寻找适用于所有家庭成员的创新性解决方法。

本书中提出的方法需要长期尝试与践行。

1

孩子不肯洗澡怎么办

洗澡时间到了,家庭亲子冲突爆发时间也到了。
善用"环境""依恋和游戏"和"共情"三大要素可缓解"洗澡"冲突。

🏠 环境

- **改变洗澡时间**
  可根据孩子的喜好或实际情况改变孩子的洗澡时间。

- **调整浴室、洗澡水和毛巾的温度**
  想想是不是浴室太热、洗澡水太烫了。

- **考虑一下是否有必要每天洗澡**

- **上闹钟**
  定好闹钟,记录洗澡时长,控制洗澡时间。可以跟孩子说,听见闹钟响就可以洗好出来了。

📦 依恋和游戏

- **与孩子比拼,看谁先到达浴室**
  可以单脚跳过去、倒着走过去或四肢并用爬过去……

- **和孩子玩一个"如果我还是宝宝"的游戏**
  可以让孩子把自己想象成小婴儿,需要父母给他洗澡(即便孩子已经比较大,可以自己洗澡了)。

- **允许孩子在洗澡时继续玩他在房间或客厅里进行的游戏**

- **把洗澡时间变成欢乐时光**
  如洗泡泡浴,使用小动物形状的浴球,玩倒水游戏……

- **进浴室后向孩子发起挑战**
  比如挑战用沐浴露在洗衣篮里的脏衣服上射出记号,看谁射得准,而且只能使用左手……

- **尝试一起泡澡**
  如果父母和孩子都觉得合适,不妨尝试一起泡澡。

💬 **共情**

- **从孩子的角度想，照顾他的情绪**

  想想孩子会对什么事情说"不好"，又会对什么事情说"好"。可以对孩子说："哦，洗澡真的挺烦人的，你还是继续玩吧！"

- **说一些我们看重的点**

  比如可以对孩子说："你现在去洗澡，对我来说很重要，因为你早点洗完，我们就可以有更多时间坐下来好好吃饭了。"或者"对我来说，外表整洁就是身体健康的标志，也是对人对己的尊重，所以我坚持让你去洗澡。"

- **找到解决办法**

  比如可以对孩子说："你还需要多长时间完成拼图？我上个闹钟，闹钟响了你就去洗澡。你能做到的，对吗？"

我的独家经验

- 在我女儿还小的时候，我数到10就是离开浴室的信号。我女儿还喜欢选择语言，要我用不同的语言说数字，比如"1"用法语说，"2"用英语说，"3"用德语说……

2

孩子不肯刷牙怎么办

孩子不肯刷牙是个经典的育儿难题。但一想到几乎每家孩子都存在这个问题，那就放心多了！

 环境

- **找两首3分钟左右的刷牙背景歌曲**
  可以选择一首舒缓的歌曲作为每晚刷牙时的背景音乐，并让其成为睡前仪式的一部分。再另找一首欢快的歌曲作为早晨刷牙时的背景音乐。
- **贴一张刷牙分解动作图**
  明确刷牙步骤，增强视觉效果。

 能力

- **一起行动**
  父母和孩子并肩站在水池前，一边做手势，一边一起刷牙。
- **用幽默的语气让孩子演示刷牙步骤**
  比如可以问问孩子："爸爸迷糊了，我们应该怎么刷牙呀？"
- **一起看刷牙的教学视频**
  找一些刷牙的教学视频，和孩子一起看。

📦 依恋和游戏

- **假装不会用牙刷**
  父母可以手里拿着牙刷对孩子说:"现在我们开始刷牙吧!"然后开始刷自己的头发。孩子一定会笑,并想纠正大人的错误做法。但大人依旧乱刷,一会儿刷刷头发,一会儿刷刷胳膊。此时孩子就会真诚地向大人演示如何正确刷牙。

- **如果孩子认真配合,乖乖刷牙,务必表示感谢**
  此时应该对孩子说:"谢谢宝贝,你能认真刷牙太好了。"也可以表扬孩子:"这次刷得真干净!"

我的独家经验

- 我女儿小的时候,每次她不肯刷牙,我都说她是一只贪吃的狮子,牙齿脏脏的,然后帮她仔仔细细刷一遍。我是这么说的:"但是……你牙齿之间还有羽毛呢!你吃了鸵鸟还是羚羊?羚羊跑得飞快吗?还是你吃了更大的动物?我觉得这根像是一只凶凶的河马的毛。"

3

孩子总忘记洗手怎么办

每个行为的出现都有"合理"的理由,哪怕我们一时没有察觉。也许我们下达指令的方式让孩子产生了抗拒。一旦父母在下达指令的时候没有与孩子建立情感联结,孩子就会强烈地与父母进行对抗。

 环境

- 就实操情况提出问题
  比如问问自己:孩子能够到水池和肥皂吗?孩子洗手时能不弄湿袖子吗?热水龙头里的水热得快吗,会烫到孩子吗?

- 向孩子说出你的期待并帮他设想一个场景
  可以对孩子说:"我们走向水池,拿起肥皂,洗洗手。接下来就可以一起上桌吃饭啦。"

- 简单地提醒:"小手!"
  当然也可以再加一个可爱的眨眼。

日常生活

依恋和游戏

- 玩"轮流洗手"游戏
  比如父母可以热情地对孩子说:"我第一,你第二!"
- 买一块内裹小玩具的肥皂
  随着肥皂使用次数的增多,小玩具逐渐显露出来。
- 唱儿歌洗手法
  对于年纪更小的孩子,可以将儿歌的歌词改为描述洗手的歌词,然后唱给孩子听。

共情

- 通过照顾孩子的情绪来平息这场"权力的游戏"
  比如可以对孩子说:"好吧,每次我要你干这干那/每次我坚持己见,你确实都不喜欢。"或者"真烦人,每顿饭前都要洗手!"
- 激发孩子的奇思妙想
  "你需要什么才能想起洗手呢?要不你想三个方法试一下吧。"

我的独家经验

- 父母要发挥自己的价值。关于洗手这件事,父母可以抛出一些关于个人卫生以及尊己敬人的问题,比如告诉孩子,洗手可以阻断疾病传播。但要注意,交流时要使用人性化语言而非充满说教的语言(这点很重要)。不过,这样的交流在孩子身上不一定能取得立竿见影的效果,但可以让父母做出积极的改变,不再一味责备孩子。

4

孩子不肯好好吃饭怎么办

吃饭时，不能毫不顾及孩子的胃口大小，强行命令孩子吃完一个成年人觉得合适的食物量（比如对孩子说"不吃完盘子里的肉不许吃甜点！"之类的话）。这种做法会使孩子无法将进食与自己的感受联系起来，最终可能导致其出现进食障碍，比如出现为了取悦他人而进食，或为了吃光盘子里的食物而暴饮暴食等现象。

 环境

- **营造吃饭仪式感**
  比如每周六晚上举行"手抓饭派对"，每周日吃早午餐……
- **如果孩子还没吃饱，允许他在饭后吃些奶酪**

- **积极帮助孩子打开食欲**
  比如可以让孩子嚼一些可以生吃的食物，或带孩子品尝一道焗烤的菜……

💬 **共情**

- **问问孩子肚子跟他说了些什么**
  比如"肚子还在和你说话吗？"或者"肚子想留一小块地方给甜点吗？"
- **让孩子自己动手**
  让孩子看看今天饭菜的量合不合适，然后自己动手增减饭菜量。
- **允许孩子对自己的感觉负责**
  如果发现孩子嘴巴不动了或把盘子推开了，就可以判断他已经吃饱了，此时可以对孩子说："哦，你吃饱了吧？"
- **邀请孩子再尝一口菜**
  有时候同一道菜放一段时间会更入味。此时可以再问问孩子："你要不要再吃一口？"

❤ 关照自己

- **父母想发脾气时，务必要考虑当下的实际状况**
  如果父母自己在童年时经常吃不饱饭，那么当他们看到孩子不肯吃光盘里的食物时，很容易感到愤怒。

- **理解放手的意义**
  父母越觉得孩子不好好吃饭，就越会在吃饭时感到焦虑，此时很有可能将这种焦虑传递给孩子。所以不妨放手，让孩子自己吃饭。

- **认识到世界各地的社会习俗并不相同**
  重新审视一些风俗习惯，比如用手吃饭等。

- **反省并问问自己以下问题**
  - 如果看到孩子不肯吃饭，我会觉得自己不是一位好爸爸/好妈妈吗？是谁让我有这样的感觉？我将自己与谁比较才有了这样的感觉？
  - 即便孩子的生长发育指标一切正常，我也会担心孩子的健康吗？哪些迹象让我担忧不已？我该如何与儿科医生共同解决此事？
  - 孩子肯吃我做的饭菜对我来说就是爱的表现吗？反之，孩子不吃就是不爱我的表现吗？
  - 我是否为家庭付出了大量时间？我看重每日三餐，是否因为太期待拥有一段高质量的家庭时光？

我的独家经验

- 食物不耐受症、食物过敏、饮食失调症等，都可能是孩子不肯吃饭的原因。因此，如果遇到可疑情况，比如孩子体重增长缓慢、体重下降、对多种食物不耐受、出现睡眠障碍等，务必及时咨询全科医生或专业儿科医生，如有必要，可遵医嘱带孩子进行过敏原检测，或前往医院神经内科、耳鼻喉科等处治疗。此外，激素分泌异常，尤其是甲状腺素分泌异常也会对食欲和体重造成影响。

孩子不肯吃蔬菜怎么办

很多孩子看见饭桌上的蔬菜就皱眉头、噘嘴巴,这也让父母忧心忡忡。

 环境

- **将蔬菜做成蔬菜面或蔬菜泥**
  可以搭配些奶油酱或奶酪。
- **有些孩子喜欢吃预制菜里的蔬菜**
  这也算是吃蔬菜了。
- **给孩子吃些生蔬菜**
  如胡萝卜、小番茄等都可以生吃。
- **将蔬菜切成有趣的形状或做成有趣的形式**
  如将蔬菜切成一朵花的形状,切成小动物的形状,做成蔬菜条或打成蔬菜慕斯……
- **增加每餐中蔬菜的品种**
  蔬菜种类多了,孩子的选择也就多了。
- **做一些含有蔬菜的甜点**
  可以做胡萝卜蛋糕、西葫芦蛋糕、南瓜面包等。
- **带孩子前往农场进行亲子采摘**

🎯 能力

- **和孩子一起做饭，在实践中让"面目可憎"的蔬菜变得"平易近人"**

  在备菜过程中，可以让孩子认识蔬菜种类、亲手切菜、闻闻不同蔬菜的味道或者观察它们在烧煮过程中的不同变化，例如西葫芦会缩水、洋葱会变色、西蓝花会变软等，也可以让孩子先尝尝生蔬菜的味道，再尝尝煮熟之后蔬菜的味道。

- **和孩子一起逛菜市场**

  摊主有时会让顾客试吃，这是向摊主提问的好机会，此时就可以问问孩子他想提什么问题。

- **在一道家常菜或拿手菜中添加神秘调料**

  可以先告诉孩子菜中添加了神秘调料，让孩子尝过之后猜猜到底放了什么。

我的独家经验

- 我女儿小的时候很讨厌吃菠菜，长大之后却爱吃了，因为她有一次看见自己的爷爷吃得津津有味。所以，家人的一些习惯能潜移默化地影响孩子。

6 孩子总是不能乖乖地坐在餐桌前怎么办

对有些孩子而言，规规矩矩坐在餐桌前是完全不可能的。其实，与其把孩子逼得不愿老实待着，不如允许他在座位上动来动去。

环境

- 控制吃饭时间
  除非孩子还没有吃完，不然最好将每顿饭的用餐时间控制在1小时以内。另外，如果孩子不愿意吃东西，可以允许他离开餐桌。

- 给孩子安排任务
  比如给锅里添水、端菜拿碗等。
- 让孩子加入餐桌对话
- 在餐厅用餐时，可以收起让孩子心神不定的东西

成长阶段

- 请记住，对4岁以下儿童而言，坐姿不是一个舒适的体位
  因为这一阶段的孩子头部与身体比例不协调（俗称头大身子小），所以孩子不想坐在餐桌前再正常不过了，更何况孩子清楚家里规矩再严，也没有幼儿园的规矩严。
- 想办法释放孩子无处安放的精力
  为孩子提供在户外跑跑跳跳的机会。

- 保持耐心，教规矩不在一朝一夕
  如果能寓教于乐或通过大人的言行潜移默化地教导孩子，就能达到事半功倍的效果。

♥ 关照自己

- 想想自己吃饭时的心思
  - 我是否在乎孩子的身体健康?
  - 让孩子显得很懂事、很有教养,对我来说真的重要吗?
  - 吃饭是否会勾起不愉快的记忆,是否会让我神经紧张?
  - 一日三餐对我而言意味着什么?是束缚,是责任,是快乐,还是纯粹食物的诱惑?

- 想清楚以上几点后,再明确自己的需求和期待
  - 吃饭时我在期待些什么?是平静,是快乐,还是感激?
  - 我对孩子的长远规划是什么?想让孩子拥有健康的身体,还是拥有优秀的人际交往能力?
  - 我目前的处理方法对达成目标有多大帮助?该怎么做才能既符合我的期望又适应孩子的需求?

我的独家经验

- 其实,只要认识到让孩子乖乖坐在座位上确实很难,就能让神经舒缓,比如可以对孩子说:"我发现让你坐在座位上确实很难。你的小身子特别想动来动去,它可比你厉害多了!但你能不能跟你两条顽皮的腿说一声,让它们待在桌子底下呢?"

7 孩子遇到场景转换就哭怎么办

很多时候，我们总是到了最后一刻才打断孩子的活动，孩子自然是不愿意的。当孩子沉浸在一项活动中时，突然让他停下来转换下一项活动确实很难，此时父母可以坐在孩子身边，和孩子温柔地说说话，给孩子时间，让他自己完成这一过渡。

依恋和游戏

- 做游戏
  - 向孩子发起挑战，比如对孩子说："能不能在五步之内走到餐桌旁？"
  - 设置障碍，让孩子想办法克服，比如对孩子说："这块地刚刚用拖把拖过，不踩这块地，我们怎样才能走到厨房去呢？"
- 保证有足够的时间陪伴孩子
  孩子在场景转换时的焦虑程度可能与父母和孩子分离的频率有关。

💬 共情

- **理解孩子的内心世界**
  - 重组孩子的话语,比如对孩子说:"你玩得很开心,想留下来继续玩,是吧?"
  - 表示同情,比如对孩子说:"你在这里玩得非常开心,离开这样一个地方确实很难受。玩起来时间会过得很快。我知道你走的时候心里会难过。"
  - 给孩子表达情绪的权力:"你想哭对不对?是不是想要我抱一抱?"

- **提前告知**
  提前告知孩子即将发生的场景转换。

- **使用话术"等你准备好了"**
  比如可以对孩子说:"我们十分钟后吃饭,等你准备好了,就来吃。"

我的独家经验

- 我女儿大概5岁的时候,每次洗澡时间都很长,她喜欢赖在浴缸里不出来。每次我都会问她:"你还要待多长时间?"她有时回答2分钟,有时回答5分钟,有时时间会更长。我就照此时间定个闹钟,她一听到闹钟响就出来了。

8 孩子不肯睡觉怎么办

孩子一困就会睡，睡觉是不用教的。孩子不肯睡觉也许是父母的作息安排与孩子的个体睡眠规律不匹配。

🎁 依恋和游戏

- **考虑孩子的依恋需要**
  夜晚意味着一段长时间的分离，尤其当孩子平日很少能见到父母，或白天过得很不如意时。因此，当孩子需要时，父母要给予适当的关注，并表现出必要的存在感。

- **减少分离之感**
  比如可以给孩子一个能温暖一整夜的亲吻，给孩子穿一件带有父母气味的衣服，或者谈论第二天的事情，比如将一本书放在孩子枕头下，告诉孩子，明早醒来一起阅读。

- **说出孩子没有诉之于口的潜在不安**
  比如遇到爷爷去世的家庭变故，父亲不妨问问孩子："爷爷死了，我很伤心，你有时候也会看到我哭。你也很伤心对不对？怕有一天我和妈妈也会死，是吗？"

- **做游戏**
  让孩子单脚跳到房间，读一则治愈的睡前故事，玩一个字谜游戏或轮流说出十句温柔的话语。

- **陪孩子入睡**
  如果条件允许，不妨陪着孩子入睡。有些孩子离开了父母会哭闹，可以在孩子身边陪着孩子入睡。

需求

- **教孩子学会接收困意信号**

  要引导孩子进行自我观察,比如可以对孩子说:"我看到你打哈欠/抖了一下/揉眼睛/抚摸毛绒玩具,这是身体累的时候做出的举动。来,我们听身体的话好不好?你会发现,困了就去睡觉会让人特别开心,对身体也有好处。"

- **别被所谓仪式感和作息表困住手脚**

  或许可以考虑换个作息方式,比如晚上六点半吃晚饭,晚饭后调暗灯光,轻声说话。

- **考虑社会需求**

  有时,孩子的睡觉时间与所处大环境有关,比如,父母的工作时间、学校的上学时间等。父母要做好迎接"劝睡"失败的准备(比如对孩子说:"好吧,确实,你更喜欢站着睡。")。

我的独家经验

- 如果看到父母嘴上说着"累死了"却还不睡觉,孩子会很难理解为什么自己非得去睡觉。

9 孩子总在夜里醒来怎么办

夜间醒来是睡眠过程中的正常现象。而儿童与成人之间的唯一区别在于，成人已掌握了让自己重新入睡的娴熟技巧。

🏠 环境

- **反思自己的生活**
  试想，相比于孩子没能在九点钟按时睡觉，是不是自己那一地鸡毛的工作生活更让人难以忍受？是不是自己成天满脑子都是：我要不要调换岗位，要不要换工作，要不要在下班后减减压再回家，要不要搬到离单位近点的地方……

💗 关照自己

- **明白自己在逼孩子去睡觉的时候心里在想什么**
  想清楚我们自己的情绪是什么。是害怕吗？怕孩子会因为睡眠不足影响健康，怕孩子累着或不舒服，怕孩子因此没了规矩……是生气吗？气另一半当甩手掌柜不闻不问……是歉疚吗？怪自己又吼了孩子……是失落吗？遗憾今夜没能享受宁静的二人世界……

- **明白自己的情感和需求**
  这是平复心情和找到解决方案的第一步。

📦 依恋和游戏

- 一些睡前放松小游戏能增加安心入眠的仪式感

- **背上画圈**：一人轻轻转身，另一人在其背上从外到内螺旋式画圈，先用食指画，随后按照拇指、中指、无名指、小指的顺序依次画圈。两人轮换。

- **放轻松**：大人的双手就像一块魔法橡皮，可以擦去孩子一天的烦恼、恐惧和焦虑。双手摊平，像擦黑板一样从头到脚抚过孩子全身。

- **观察呼吸**：让孩子把毛绒玩具放在肚子上，保持平缓呼吸。孩子可以看着毛绒玩具随着自己的呼吸起伏伏。

- **发挥想象力**：让孩子闭上眼睛，想象自己正身处一个自己觉得舒服、放松且安全的地方。然后问问孩子这是一个怎样的地方，身在其中有什么感觉，感受到了什么。给孩子一点时间，让孩子沉浸在这个想象的世界里。

- **感受心跳**：让孩子把手放在心脏位置，感受心脏的跳动，并在呼气时发出"怦怦"的声音模仿心跳声。

- **晚安吻**：让孩子说出自己最喜欢的晚安吻方式，然后满足孩子的愿望。

- **按摩小脸**：用双手食指轻拍孩子的脸：从两侧耳朵位置开始，逐渐过渡到鼻子下方，再回到耳朵位置；或者从上往下，从额头上方开始，到眉毛、脸颊和下巴位置，一个来回即可。

- **给予孩子充满柔情的爱**
  与孩子共度融洽的白日时光。
- **一起归纳"今天的三件快乐的事"**
  用快乐填满一天的时光。
- **让孩子尽情分享自己的快乐和忧伤**
  给孩子机会,让孩子能尽情分享自己的快乐和忧伤,充分信赖孩子,并不时提出一些非敏感性问题。
- **照顾孩子的想法**
  比如对孩子说:"是的,你好像一点都不想睡觉。想让我们陪着你,还想半夜吃比萨……然后你还想做什么呢?要是真这么做,想想也挺酷的!"

我的独家经验

- 可以考虑问孩子这样一个问题:"今夜你想梦到什么?",然后引导孩子补充细节。

10

孩子乘车不喜欢系安全带怎么办

在上车时预判孩子可能出现的抵触情绪，能帮父母在面对孩子哭闹时保持冷静。其实，系着安全带是有些不舒服。

💬 共情

- **采取行动时照顾孩子的情绪**

    可以对孩子说：“我发现你不喜欢系安全带。你觉得系安全带不舒服、不自由，对吧？但如果不系的话，我就不能送你了。帮你系安全带是因为我关心你呀。”或者"我不想迟到。我帮你系，但我也知道你很不喜欢。能不能告诉我你为什么不喜欢系安全带呢？"

🏠 环境

- **系安全带可能造成身体不适**

    如果孩子太小，安全带会将其束缚得过紧，或摩擦孩子娇嫩的皮肤。目前市面上有一些专用于儿童的安全带适配设备，可以缓解孩子系安全带时的不适感。

📦 依恋和游戏

- **通过游戏缓解亲子冲突**

    如果年幼的孩子不肯上车，大人可以假装车的座位上有位别的小朋友，然后故作夸张地对孩子说："哎呀！你差点压到小胖了！但不管怎样，他好像不想把位子让给你，你也别惹恼他。还有，千万别坐他身上，他脾气可不好。"

> **我的独家经验**
>
> - 运动障碍也可能是孩子系安全带存在困难的原因。若孩子存在肢体协调性差或动作自主性差等现象，应及时就医。

日常生活

11 孩子不肯穿衣服怎么办

这个问题不是"怎么做才能让孩子肯穿衣服",而是"怎么与不肯穿衣服的孩子建立情感联结"。

🎯 能力

- **激发孩子的思考能力**
  比如可以问问孩子:"穿哪双鞋能不弄湿脚啊?"

- **先确定宏观框架,再进行分解指导,循序渐进**
  -确定宏观框架
  比如可以先对孩子说:"我们10分钟后去篮球场找哥哥。"
  -进行分解指导
  然后对孩子说:"来,先帮我把点心放进袋子里,然后我们去门口穿上外套和鞋子,就可以走了。"

💬 共情

- **找出孩子不肯穿衣服的动机**
  是因为孩子不喜欢被催促,想自己掌握时间吗?是因为孩子不想去学校吗(因为上学就得离开父母,甚至孩子存在厌学或者被校园霸凌的情况)?

- **照顾孩子的情绪**
  比如可以问问孩子:"你是不是想按自己的方式穿衣服,而不是我们让你穿什么就穿什么?"

- **确认孩子的想法**
  比如可以问问孩子:"穿着这条裙子转圈圈很好看,所以你特别喜欢它对吧?要不是今天裙子脏了,你肯定很想穿吧?"或者"这件毛衣穿着感觉痒痒的,所以你不喜欢对吧?"

- **和孩子保持沟通**
  比如可以对孩子说:"这件大衣你穿着嫌热,所以生我的气了?那就脱下来拿在手里,冷的时候再披上。"

关照自己

- **评估自己的动机**

  比如回顾一下自己内心的想法:"时间很紧,我有些不耐烦,于是发火了。我觉得自己已经很松弛了。宽松式教育是挺好的,但现实生活里要有时间观念啊!确实,我发火是为了掩饰内心的害怕,怕我们没办法准时到,因为我觉得时间观念很重要,准时就是有礼貌的表现。孩子是要在社会上立足的啊!"

- **与孩子交流自己的情绪和需求**

  注意语气一定要平和。

我的独家经验

- 适当使用道具能便于沟通。比如,和孩子在一起时,可以对一个毛绒玩具说:"这样光着身子会着凉的",然后给它穿上孩子的衣服;或者让两个毛绒玩具"对话",比如让一个对另一个说"想找个人教我怎么穿袜子"。

12

孩子在临出门前总是磨蹭怎么办

孩子是活在当下的，他们的时间观念和成年人的并不相同。有时，我们觉得孩子的小耳朵将我们的话都听进去了，但其实孩子的大脑并未对那些信息进行处理。

🟦 依恋和游戏

- **说**
  用"我要走了，你也一起吗？"代替"我要走了"，既能发出出发的信号，又能让孩子掌握自己的节奏。

- **玩**
  - 发起挑战：比如可以对孩子说："我相信在我穿好靴子前，你肯定按不到电梯按钮。"
  - 提议让孩子拿点东西，比如提一袋土豆或拿些其他有趣的东西。
  - 反向指令：比如可以对孩子说："在我背对着你的时候，你绝不可以穿鞋子哦，因为小朋友穿鞋子的时候，爸爸妈妈必须在旁边看着。"

- **调动感官（如听觉、视觉、触觉等）**
  在下达指令前可以用手轻抚孩子，或尽量靠其近一些。

💬 共情

- **用感同身受帮自己度过这一关**
  - 认可孩子的情绪:"是啊!玩得正高兴呢,就要停下来,真是太讨厌了。"
  - 参与孩子的想象:"你还想玩2小时,一天,还是一个星期?我知道,你还想玩一整年对不对?"
  - 理解孩子的失落心情:"这一局你还没玩完呢,你本来还想再升级的。"
  - 用商量的口吻引发思考:"告诉我,你接下来想干什么呀?"

我的独家经验

- 可以以时钟为道具。如果使用指针时钟,可以说:"当分针走到最底下,我们就该出发了。"如果使用数字时钟,可以说:"看到时钟显示30,我们就该走啦。"

13 孩子早上磨蹭玩耍怎么办

没有人喜欢一大早离开温暖的被窝，被人催促着穿衣洗漱……孩子比大人更不想。

🎯 能力

- 商量解决方案
  - 可以对孩子这么说："早上和洋娃娃玩，真开心。玩得那么开心却要停下来，是挺不容易的。但问题是我们都要迟到啦。或者你有什么好办法可以让我们上学上班都不迟到吗？"
  - 也可以对孩子这么说："我们得一起想个办法，让你每天早上过得开心，而不哭闹，让我也能不着急。我要遵守制订的计划，而你起床后还要玩一会儿。那我们该怎么合作呢？"

📦 依恋和游戏

- 帮孩子做背部按摩
  帮助孩子更顺利地醒来。
- 陪着孩子在孩子的被窝里待几分钟
- 让毛绒玩具温柔地叫醒孩子
  比如可以拿着一个毛绒玩具对孩子说："早上好！我们昨夜都睡得很好，你呢？你整夜都动来动去，屁股都压到我的头啦！"
- 问一些有趣的小问题
  比如可以对孩子说："如果还没醒彻底，就眨两下眼睛。你会这么做吗？"

● **关照自己**

- **复盘时,不妨问问自己以下问题**
  - 在每天早晨的亲子时光中,我期望得到什么?是想保持平静和放松,是想倾听孩子的想法,还是想愉快地开启新的一天?
  - 一段理想的晨间亲子时光应该是什么样的?
  - 要想拥有理想的晨间亲子时光,我需要先做些什么?

我的独家经验

- 我和我女儿有个小仪式。每天早晨,我都会在她房间里的大黑板上写一个词语,她很喜欢这份早晨醒来时读到一个温暖词语的惊喜感。

14 孩子不肯做家务怎么办

如果孩子能够参与家务劳动，父母和孩子都能从中获益：孩子能获得自主权，也学会了参与集体劳动；父母则能卸下部分家务重担。也许，对于"让孩子做家务"这件事，我们可以换个角度看待，即父母与孩子一起参与，让"我们"的概念取代所谓的奖与罚。

🎯 能力

- **明确具体任务**
  比如可以和孩子说清楚，所有藏在床底下的东西都归他整理。再比如整理房间时，可以明确地跟孩子说他需要做两件事：一是要把玩具都放到玩具箱里，二是要把书都放进书柜里。

- **明确时间节点**
  比如可以和孩子说："希望这些家务能在明天中午前/吃饭前/10分钟内做完。"

- **用尽量简短的语言表达自己的期待或指令**
  比如用一个字："碗！"，或用一个信息完整的短句："该整理碗筷了！"

- **搭配适当的肢体语言**
  比如可以向孩子微笑、眨眼或拍拍孩子肩膀等。

- **做好预判并向孩子明确责任**
  我女儿和她朋友想在房间里"熬制魔法药水"，来征求我的同意。我说我同意，但她们要负责在结束后把房间清理干净。

需求

- 转变思维,将家务劳动视为满足自身需求的一项行动
  比如将"我应该下楼倒垃圾"转变为"我选择下楼倒垃圾,因为做这件事能让我拥有一个干净整洁、令人心情愉悦的家,而且这也有利于全家人的健康。"
- 如果孩子也参与做家务,要感谢孩子的帮助
  - "你能搭把手,真好!"
  - "谢谢,我们两个人一起干活快多了。"
  - "虽然你一开始不太愿意,但最后还是做了。"
  - "看到你做完饭之后,还把厨房都收拾干净,我很欣慰。"

我的独家经验

- 我们以身作则的时候还需带点热情,比如可以一边做家务,一边哼歌。这就是托马斯·德·昂桑布尔[1]提出的著名问题:"我们做大人的方式有意义吗?能够激起孩子对于成长的渴望吗?"

---

1 托马斯·德·昂桑布尔(Thomas d'Ansembourg),法国当代著名心理治疗师、人际关系培训师,著有《非暴力沟通的觉醒》等。 ——译者注

15 孩子总是拒绝/忘记收拾东西怎么办

我们让孩子收拾东西时，他们可能会被巨大的任务量吓跑。更何况，我们还总是打断孩子玩耍，让他们去做一件烦人的事。

🎯 **能力**

- **使用"分解法"和"语言引导法"**
  比如可以先跟孩子说："一次性全收拾完确实不容易，我们可以先收拾三件东西。"三件东西收拾完后可以继续对孩子说："原来这么简单啊，那咱们现在再收拾四件，怎么样？"

- **善用幽默**
  – 比如可以假装玩具箱在说话："我肚子里没玩具了，我好饿啊！我最喜欢吃大积木了。"
  – 比如可以向孩子发起挑战："2分钟内我们可以往玩具箱里放多少个玩具？"
  – 还可以将计就计继续游戏，比如假装指挥塔台，命令散落一地的飞机飞回玩具箱。
  – 甚至可以问问孩子力气够不够大，能不能搬起一箱积木。

- **肯定孩子的进步**
  比如可以对孩子说："我看到你已经把衣服放进衣柜了。那接下来要做的，就是把书收进书柜里。"

- **和孩子共同制订计划表**
  可以和孩子一起根据每位家庭成员的喜好和能力，明确每项任务的归属。

♥ **关照自己**

- **和孩子交流前先明确表达自己的想法**
  比如可以对孩子说:"每次看到客厅桌子上摊满学习用品,我就火冒三丈!你写完作业之后我还要用这张桌子工作。"

我的独家经验

- 如果家里柜子的高度对儿童"友好",那让孩子收拾东西就会容易许多,而且便于归类。举个例子,可以在放置某类玩具的抽屉外面贴上这些玩具的照片。

16 孩子很懒惰怎么办

一旦贴上标签，会让人产生先入为主之感。如果总是责备孩子懒惰，久而久之，孩子就会灰心丧气，最终变成真正的"懒虫"。

🎯 能力

- **从榜样示范到共同协作，最终让孩子自主完成某项既定任务**
  第一次可以让孩子从旁看着父母完成此项任务，第二次让孩子协助父母完成，第三次由父母协助孩子完成，第四次允许孩子在父母的监督下独立完成。

- **讲明工作步骤，放手让孩子按自己的方法完成任务**
  比如可以对孩子说："我很希望看到你自己铺床。吃完饭之后，你先去搬开被子，然后抖一下床单，再把枕头拍一拍，最后记得把被子搬回床上。"

- **让孩子感受到责任和信任**
  比如可以对孩子说："我把……交付给你""我委托你……"等。

- **对孩子的错误予以积极回应，并将错误视为再行动的契机**
  比如可以对孩子说："你忘了把水杯放进洗碗机了，下次记着就好。"

- **重视日常教育，潜移默化**
  通过阅读或分享各类引人入胜的科幻类、游记类、故事类或传记类书籍，培养孩子良好的行为习惯。

🔺 需求

- **强化孩子的自主性**
  可通过一些实际的调整，达到事半功倍的效果。比如，在玄关处放一个小凳子，也许能让孩子逐渐养成自己穿脱鞋子的习惯。

- **保持孩子的积极性**
  比如可以关注以下两个问题：一是孩子是否能够自主完成自己感兴趣且有能力执行的任务，二是孩子能否在执行任务的过程中充分展现自己的能力。

- **确保任务有意义**

  向孩子下达的每个指令都应具有一定意义,且能达到某个目标(下达指令前父母不妨先问问自己:这个指令为什么有用,这个指令有何重要性)。

- **肯定孩子的点滴进步**

  无论孩子的出发点多么幼稚,付出的努力多么微小(甚至稚拙),取得的成绩多么微小(甚至微不足道),都应不吝赞美。

我的独家经验

- 若想调动孩子的积极性,请务必让孩子产生以下几种感觉:一是眼前的问题需要我;二是对于眼前的问题,我有能力找出解决办法;三是身边的大人信任我,而且我在解决问题的过程中能依靠他。如果我们对孩子另眼相待,孩子就能让我们眼前一亮。

17 孩子总是笨手笨脚怎么办

孩子在一天之中可能会做好几件笨手笨脚的事，比如打翻水杯、刷牙时将牙膏滴在身上、打碎贵重物品等。但如果我们以此将孩子归入"笨"的行列，那必将极大损害孩子的自信心。

🎯 能力

- **更换表述方式**
  比如，看到孩子打碎花瓶后，不妨向他这么表述："你刚刚经过时胳膊肘撞了花瓶一下。"

- **向孩子讲述事件经过，安抚孩子情绪并代入孩子感受**
  依旧以打碎花瓶为例，父母可以对孩子说："你被花瓶掉到地上的声音惊到了吧？"

- **带领孩子共同善后**
  比如可以邀请孩子参与清理工作："沙发下面还有些花瓶碎片，需要清扫一下，你帮我拿下扫帚，就在厨房水池下面。"

- **和孩子约定下不为例**
  不妨让孩子说说，该怎么做才能保证下次表现得更好，不再犯错。也许孩子就会说"我应该把水杯放回厨房"或者"我下次玩的时候要远离花瓶"。

犯错的权利

- 用"稚嫩"取代"笨拙"

  转变思维，从认定孩子有意为之（"笨拙"）变为接纳孩子的稚嫩（年幼孩子的运动技能尚处于发育阶段，因此运动协调性尚不完善）。

- 将稚嫩视为机遇

  - 预判行为可能出现的后果并向孩子说明，比如可以对孩子说："如果我把杯子放在这里，它很容易掉到地上，但我把它放在盘子后面，它就不容易掉了。"
  - 用语言概括动作，锻炼孩子的运动技能，比如可以对孩子说："你看，我用两只手握着杯子，然后慢慢地把杯子送到嘴边喝水。"
  - 孩子对环境的不适应也可能造成此类行为，应及时寻找原因（如衣服不合身、柜子太高、餐盘过重或过大等），并帮助孩子适应新环境、新事物。

18 孩子害怕看医生（如打针、吃药、看牙）怎么办

看医生对孩子来说是一道难关。大人总会用"没事"二字安慰孩子，其实坦然接受孩子的情绪，也许是更好的办法。

🎯 能力

- **用简单言语帮孩子做好就医的心理准备**

  比如可以对孩子说："我们要去看医生咯。医生可能会让你……，或者让你……，我会一直陪着你的。"或者"一会儿要在更衣室脱掉衣服，然后跟医生去照X光，听医生的话。"

- **好言相"诱"**

  比如可以问问孩子："打针喜欢打左胳膊还是右胳膊？"或者"让你的小玩偶陪你打针好不好？"也可以对孩子说："给你榨一杯苹果汁，待会儿吃完药喝。"

- **寻找其他解决办法**

  比如可以问问护士，如果给孩子手里握个捏捏乐玩具球，能否减轻他打针时的疼痛感。

共情

- 认同孩子的情绪

  比如可以对孩子说:"一想到有个东西要在嘴里掏来掏去,确实让人害怕。""呀,这种药真苦。"或者"哭吧,没关系的。"

- 运用幽默的语言

  比如可以对孩子说:"如果这药是比萨味的就好了,薯条味的更好!"或者"3,2,1……咽下去啦!走,咱们吃饭去!"

- 与孩子共情

  比如,在打针前对孩子说:"待会儿医生给你打针的时候,我会抱着你。打针可能有点疼,但速度会很快的,而且我会一直陪着你。"

我的独家经验

- 务必尊重孩子的身体。不要对孩子说谎,比如,打针很疼,就不要用"不疼"哄骗孩子。此外,有必要事先向医生核实是否需要触摸孩子的身体,如有需要,可事先告诉孩子。

19 孩子沉迷于玩电子游戏怎么办

适度玩电子游戏并不会破坏家庭氛围。

相反，它一方面能锻炼孩子的自主性，让其在游戏中与时代接轨；另一方面能满足孩子的娱乐需求，有助于孩子的身心健康。

依恋和游戏

- **了解孩子喜欢玩的游戏**
  陪孩子一起玩他喜欢的电子游戏。

- **与孩子交流游戏内容**
  比如可以问问孩子："你最喜欢游戏里的哪个角色？"或者"你现在打到什么段位了？"

- **与孩子分享胜利后的喜悦**
  看到孩子打赢一局，应该不吝赞美，分享孩子的喜悦。

- **与孩子一起度过高质量的家庭时光**
  与孩子一起高质量地度过"平凡的"家庭时光，有助于增进互动，强化亲子关系。可以与孩子一起玩桌游、做饭、聊天、骑自行车、看电影等。

情绪

- **预判愤怒**
  一旦关掉游戏，孩子可能会生气，要做好迎接愤怒情绪的心理准备，但这只是一段快乐时光被单方面强行终止后的不高兴，并非孩子任性或沉迷游戏。

- **与孩子共情**
  比如可以对孩子说："是啊，你本来还想继续玩。"或者"自己的快乐时光结束了，心里的确会很难受。"

- **限定时长**

  可以用时钟或闹钟来限制玩电子游戏的时长，比如和孩子约定，分针走到最上面的时候就停止玩游戏，并在倒计时5分钟和2分钟时分别进行提醒。如果孩子要求继续玩，则询问孩子还需要多长时间。可以同意孩子玩完正在进行中的一局。

- **适时科普**

  可适时向孩子科普人类大脑的运行方式，对人类大脑而言，电子游戏就像一种甜点，让人难以抵抗，但难以抵抗不等于不能抵抗。

♥ 关照自己

- **了解自己每天玩手机的时间**

  问问自己有没有以身作则，能否接受我们强加给孩子的限制。

- **如果孩子在电子产品上投入过多时间，影响了正常作息，务必引起重视**

  比如玩游戏时间过长耽误了睡觉，坐着不动玩游戏忽视了体育锻炼，沉迷虚拟世界忽视了家庭人际交往等。

我的独家经验

- 孩子需要使用一些与时俱进的电子产品，同时也需要在现实世界中走出家门与他人接触，进行一些有意义的实际的人际交往。在当下，电子产品无处不在，也成为孩子生活中的一部分，但从人际关系和信息供给角度看，电子产品和书籍一样，只是一种文化性的工具。

20 孩子爱玩一些打仗游戏怎么办

玩打仗游戏，其实是孩子在安全环境下测试自己的恐惧程度和自己身体素质的行为。这些游戏能帮助孩子将生活中获得的经验付诸实践。同时，在游戏过程中，孩子还会复制在影视剧中看到的场景或复述在大人口中听到的话语。打仗游戏能通过一些象征性表达，减少孩子生活中的戾气。

🎯 能力

- **要求孩子想一个确保安全的办法**
  比如可以对孩子说："如果拿棍子玩，就要去空地，注意不能伤到别人。你觉得这里有空地吗？那你能去哪里安全地玩棍子呢？"或者"在朝一个人跑过去之前，得先保证他看到你了。"

- **通过和孩子对打与孩子打成一片**
  还可以让孩子涂点身体乳来"增强力量"[1]。

- **帮助孩子认识到，不能在玩的过程中伤到自己或别人**
  如果在玩的过程中伤到了自己或别人，一定要终止游戏。

---

1 出自《游戏力》(*Playful Parenting*)，劳伦斯·科恩著。

🔺 需求

- **放手让孩子玩**

  不要责骂或阻止孩子玩这类游戏，即便这类游戏略显病态且具有攻击性（只要没有人真正处于危险之中）。阻止孩子进行一项充满自主性的游戏，就相当于剥夺了孩子自我疗愈情感创伤的机会。

- **调整攻击性行为**

  比如，可以把塑料手枪换成"爱心手枪"[1]，毕竟谁能不爱上那个朝我们心上"开枪"的人呢？

我的独家经验

- 我和女儿也会玩打仗游戏，来消耗她无处发泄的多余精力。她有一把玩具剑，我有一条绸带，她用剑"砍"我，我要用绸带缠她手里的剑防止被"砍"。如果我缠住了剑，我们就转换角色，我用剑"砍"她，她用绸带缠剑。

1　出自《游戏力》(*Playful Parenting*)，劳伦斯·科恩著。

亲子对抗

相信每位父母都会发现，大人越坚持让孩子做一件事，孩子就越喜欢"唱反调"，仿佛一旦大人要求孩子服从自己的命令，孩子就会自动开启"唱反调"模式。加拿大心理学家黛博拉·麦克纳马拉（Deborah Macnamara）将所谓的"唱反调"命名为"反意志本能"，即孩子"对于控制或胁迫的行为的防御性反应"。"反意志"与"依恋"是互补关系，也就是说，如果"依恋"多一点，"反意志"就会少一分。**因此，如果父母不花点心思与孩子建立情感上的连接，那孩子的"反调"也就会"唱"得更高亢些。**

此外，年幼孩子的情感还不成熟，且没有足够的词汇量，无法完整表述自己的独立意愿，所以他们往往会"不择手段"地表达自己的"反意志本能"，比如抗拒、哭泣、愤怒，甚至动用一些攻击性手段等。其中，愤怒就是无助时的一种保留颜面、表明个人立场、自我疗愈的情绪。

作为父母，我们要面对的挑战是，如果孩子出现"唱反调"行为，不要一味指责，这样只会让孩子"唱"得更加起劲，而父母自己则会更加暴躁。的确，面对孩子反复出现的抵触、抗拒行为，父母的耐心也在不断经受考验。一旦父母开始焦虑（比如害怕孩子上学迟到、担心自己面子挂不住、唯恐被人说管教不严）或者认为自己坚持的都是孩子"应该"做的（比如洗脸，刷牙，早点上床睡觉，向别人问好、说谢谢等），那一场反抗霸权行为和暴力行径的家庭大战就一触即发了。然而，只会靠逼迫让孩子立刻听话的父母或许不知道，孩子"唱反调"的行为有情感、成熟度和亲子关系等多方面原因，可能是出于好奇，可能是因为遗忘，也可能是未能充分理解父母指令的含义。

其实，想让孩子不再"唱反调"，根本不需要惩罚或奖励，在这一章中，"情感共育"会给我们开辟新思路。

21 孩子喜欢咬人怎么办

如果发现孩子咬了人，只靠把他隔离起来或者逼他道歉是没有用的。孩子之所以咬人，是因为他在自己身处的环境中无所适从，不知道自己该做什么或能做什么。

🌱 成长阶段

- 重复"别咬人"指令是可行的
  咬人行为要等到孩子3岁半至4岁时才会逐渐消失。冲动调节是需要时间的。

- 锻炼孩子的听说能力
  - 引导孩子用语言表达愿望，比如可以对孩子说："你是不是想坐着你的小卡车环游世界？那你可以问问小卡车'你可以载着我环游世界吗'？"
  - 引导孩子表达情绪，比如可以对孩子说："你生气的样子很像一只老虎。给我表演一下，老虎生气时是什么样子的？"
  - 肯定孩子的合理行为，比如可以对孩子说："我刚刚看到你和弟弟在一起，你对他很温柔。他靠近你搭的积木房子的时候，你都没有咬他。你做得真好！"

🎯 **能力**

- 用简单的语言提醒孩子不要咬人

  比如可以对孩子说:"不要咬人,别人会很疼的。要用语言来表达。"

- 想想孩子咬人的目的是什么并进行反思

  比如可以问问孩子:"你刚刚咬我,我猜你是想要这个玩具?"

- 提醒孩子关注被咬对象的情绪

  比如可以对孩子说:"你刚刚咬了小哲,他疼得哭了。咬人会把别人弄疼的。"

- 引导孩子反思自己的行为

  比如可以问问孩子:"如果小哲咬了你,你会有什么感觉?你现在应该怎么做?应该对小哲说什么呢?"

- 采取一些预防措施

  - 让孩子释放多余精力,比如让孩子去户外跑跑跳跳,捏捏橡皮泥,或者玩玩小玩具。
  - 陪烦躁的孩子待在一个安静的空间里,并把灯光调得柔和一些。

- 表达父母的期望

  比如可以对孩子说:"我很不喜欢看到你咬人。我觉得文明地讲话很重要。"

22 孩子喜欢打人怎么办

做慈祥的父母,不是说看到孩子打人还要一味纵容,而是要采取适当方式关照孩子的情绪并对其不当行为进行纠正。纠正孩子的不当行为时,既不能体罚孩子(比如孩子打别人一巴掌,你打孩子一巴掌),也不能在精神上折磨孩子(比如威胁或恐吓孩子)。

🎯 能力

- **坚信孩子可以纠正错误**
  比如可以对孩子说:"我知道你可以纠正自己的错误行为,你可以的。"
- **激发孩子的创新能力**
  比如可以对孩子说:"你表妹在你的画上乱涂乱画,你很想打她。但我们得一起想个办法让你不打她。"
- **肯定孩子的进步**
  比如可以问问孩子:"我看到你刚刚很想打人,但没出手。你是怎么忍住的呢?"
- **带孩子善后**
  比如可以对孩子说:"我觉得你的朋友肯定需要些什么才能感觉好受些。如果你准备好了,就用自己的方式去跟他道歉。"

🌱 成长阶段

- **打人行为与孩子大脑发育不成熟有关**
  由于孩子大脑发育尚不成熟,他们很难调节自身情绪,也很难抑制自己的冲动行为。
- **试图跟孩子讲道理,既无效又无用**
  与其火上浇油,还不如让自己保持平和的心态,还能把这份平和传递给孩子。

▲ 需求

- **忌当和事佬，忌包庇当事人**
  比如尽量不要对孩子说："你们别打了。"
- **照顾孩子的情绪**
  比如可以问问孩子："和小妹妹相处是挺不容易的。她乱碰你的东西时，你忍不住想生气是不是？"
- **向孩子解释为什么打人是不对的，并强调家规**
  比如可以对孩子说："腿不是用来踢人的。在咱们家，君子动口不动手。"
- **让孩子的身体与心灵有安全感**
  给孩子调节情绪的空间，比如可以对孩子说："我知道这段时间很难熬，我会一直陪着你。"或者"你特别想打人的时候，就给我打电话吧。"
- **当孩子激动暴躁时，远离他，或允许他踢自己的脚（或为其提供其他发泄情绪的方式）**

我的独家经验

- 父母不妨思考下，孩子之所以出现暴力行为，是不是因为受到一些外在因素的影响，我们是否能对此做出相应改进，比如尽量避免带孩子前往拥挤混乱的场所，保证孩子拥有充足的睡眠，确保孩子身边的人没有暴力倾向等。

23
孩子一生气就扔/摔东西怎么办

父母总喜欢在孩子还没完全理解规矩的时候,就三令五申,反复强调。其实,孩子需要得到明确且充满善意的指令,才能达到父母的期待。

亲子对抗

🎯 能力

- **及时阻止,引导孩子**
  比如看到孩子在扔石子,可以引导孩子:"大孩子还扔石子,太幼稚了。如果还想扔,可以朝那堆石头里扔。"

- **注意孩子的身体语言,并回应孩子**
  比如,看到孩子紧握拳头,不妨问问孩子:"我看到你攥紧了拳头,你现在一定很生气对不对?"

- **理解孩子的情绪并提出建议**
  比如可以对孩子说:"是不是这件事惹你生气了?但我觉得更应该拍手称快。"

- **6岁前的孩子尚不具备足够的自我调节能力**
  年幼的孩子需要听到的是,父母下达的坚决命令以及提供的调节情绪的方法。

📦 依恋和游戏

- **与孩子的小手"沟通交流"**
  比如可以这么说:"尊贵的手,我们务必谈一谈。我很清楚您管理十根手指的难处,足足十根哪!但能否恳请您向它们重申一下,请它们不要扔/摔东西,通过和平手段解决问题。感谢您的协助!"

❤ 关照自己

- **自言自语**

  不妨对自己说:"每次看到孩子扔/摔东西我就火冒三丈。但我也清楚他这么做的原因,也明白他这样做不是针对我。我有能力面对。"

我的独家经验

- 说"不许扔/摔东西"的时候,语气务必坚决,但不能过度生气或带着威胁的语气。坚决的语气能让孩子感受到他人对这一行为的底线。

24

孩子一受挫就发脾气怎么办

有些孩子总希望一下子就能把事情做成，如果做不到立马会发脾气。

💬 **共情**

- **有些话不能说**

    比如不能说"不要紧"。如果孩子开始发脾气，就说明这件事在他眼中一定"很要紧"。更何况，孩子的大脑还未发育成熟，他尚不具备独自冷静下来的能力。

- **心平气和地陪伴孩子，不要暴躁，更不要越俎代庖**

    最好自己先深吸一口气平复情绪，再向孩子表达理解和关怀。比如孩子因为一幅画没画好而发脾气时，可以再递给他一张纸，陪着他重新画，一直画到他满意为止。

- **用共情的语言安慰孩子**

    比如可以问问孩子："事情没能如你所愿，你很不开心，对不对？"或者"你什么都想做到最好，是不是？现在事情成了这个样子，是你不想看到的，对吗？"

- **梳理事情经过，肯定孩子的努力**

    比如可以对孩子说："你付出了很多努力，事情却没有做成，心里恼火是一定的。"

- **在"为人师"前先征得孩子同意**

    比如，如果父母想帮助孩子，可以先询问孩子的意见："你愿意让我帮助你吗？如果你朝这个方向努力，会得到什么样的结果呢？"

犯错的权利

- **寓教于乐,"大事化小"**
父母不妨和孩子共同玩一个"犯错记录"的游戏,谁犯的错误多谁赢。和年幼的孩子一起玩时,父母可以故意"犯"一些夸张的错误,比如对孩子说"我总觉得1加1等于4",这样的做法一方面可以逗笑孩子,另一方面也能让孩子明白,原来父母也会犯错,从而放过自己。

- **相互倾诉失败的经历**
比如可以对孩子说:"我想跟你聊聊我这周做过的最失败的事。你这周做过的最失败的事是什么?当时有什么感觉?下次遇到这样的事你会怎么做?"

我的独家经验

- 孩子乱发脾气,也许是为了缓解焦虑。此外,孩子发脾气的原因可能并非看上去那么简单,需要透过现象看本质:可能因为孩子在学校里感到不安全,可能因为父母吵架了,可能因为家里添了个弟弟或妹妹,也可能因为搬家而离开了一位亲人或好友……如果我们能耐心地询问孩子发脾气的原因,就可以更好地陪伴孩子。

25 孩子很"任性"怎么办

孩子可能只是受挫,并不一定是"任性":他也许仅仅是因为一时间得不到自己想要的东西而出现了强烈的情绪波动。而且,孩子一旦发现自己无法改变现状,受挫的情绪可能愈演愈烈。问题的关键不在于情绪本身,而在于无法控制它,一旦放任孩子的挫折感蔓延,可能"殃及池鱼"(比如孩子出现打人、摔东西等行为)。要解决这一问题,父母不能听之任之,而是要做好心理准备,妥善接受孩子持续发泄的负面情绪。

▲ 需求

- 想想孩子的基本需求是什么
  - 是不是饿了?是不是困了?
  - 是不是我给孩子的关注不够?
  - 孩子想用咿咿呀呀的话语表达什么?
  - 我给出的回答合适吗?对孩子有帮助吗?
  - 我的回答里提到孩子了吗?提到自己(自己的信念、自己的担忧等)了吗?
  - 我的期望和要求合理吗?这个年龄段的孩子是否有能力完成?
  - 我下达的指令清楚吗?
  - 如果换作自己面对孩子遭遇的情况,我想得到什么样的回应?
- 说出自己的需求
  比如可以用"我希望你可以和我好好说话"取代"不要大喊大叫"。

共情

- **在保证孩子和身边的人安全的前提下,允许孩子发泄**

  此时,尽量带孩子离开公共场所,去一个相对适合发泄情绪的地方,同时防止孩子出现暴力行为。

- **表达出自己对孩子的理解**

  比如可以对孩子说:"你的两只小手很想打人,因为你现在很恼火,对不对?"或者"你很不愿意做这件事,我看出来了!你很生气,所以一直在大吼大叫。"

- **走进孩子的世界**

  比如可以对孩子说:"这个玩具真的很漂亮!玩具上面的亮片让人很喜欢。我看你很想要。那我现在给它拍照,把它加入你的愿望清单里,好不好?"

我的独家经验

- 对于不善于与孩子共情的父母,在不压抑孩子情绪和不诉诸暴力(比如体罚、罚站或言语威胁)的情况下,很难了解孩子的需求。其实,重新审视"任性"这一问题的关键在于,弄清楚当孩子对父母说"不"时,他想要的是什么。

26 孩子说脏话怎么办

孩子说脏话，通常有以下几个原因：一是孩子生气了，但他不知道如何以其他方式表达自己的情绪；二是孩子在模仿他人说话；三是孩子单纯觉得这很有趣；四是孩子想引起关注，进而与他人建立联系；五是孩子发现别人的反应很有趣，使他觉得自己很有能耐。

🎯 能力

- 引导孩子做出其他选择
  - "我知道你是懂规矩的，你刚才骂了弟弟，现在该怎么做呢？"
  - "每个人都会生气。下一次生气时你会怎么做呢？"

📦 依恋和游戏

- 以玩具为媒介

  如果听到孩子说了句脏话，可以假装生气批评毛绒玩具，比如："大狗熊，这句话是不是你说的？太粗鲁了！"如果孩子一直重复这句脏话，父母可以加重语气责备毛绒玩具。见此情景，孩子可能就笑了，笑声能很好地缓解脏话带来的亲子对立。

- 允许在某个指定的地方和时间段内幽默地说脏话

  比如，允许孩子在某个时间段在厕所里幽默地说脏话，允许孩子在某个时间段在房间里大喊大叫。

💬 **共情**

- **做好"翻译"工作,用简洁明了的语言转译孩子的脏话**
  - 孩子说:"去你的!家里就从来没有好吃的!"
  - 父母可以说:"家里没有你喜欢吃的。如果像你刚才那样表达,就说明你今天过得很不开心。"

- **重申观点和期待**
  比如可以对孩子说:"我知道你这会儿正在生妹妹的气。但还有很多其他表达情绪的方法,我相信你可以更有礼貌的。"

我的独家经验

- 根据劳伦斯·科恩(Lawrence Cohen)的建议,当孩子说脏话时,与其刻意压制,不如通过玩笑将脏话化于无形。比如,如果孩子说父母是"大笨蛋",可以这么回答:"嘘!不要把我的绰号告诉别人!"如果孩子依旧不停地叫,可以这么回答:"啊!你知道吗?其实我的绰号是'大肉饼',并不是'大笨蛋'!"

孩子爱说谎怎么办

当孩子觉得自身面临威胁时，就会通过说谎来进行自我保护。此外，年幼的孩子大脑发育尚不成熟，对时间和空间的感知能力较差，所以很多父母眼中的"谎言"并不一定出自孩子的主观意愿。

🌱 成长阶段

- **6~7岁的孩子，正处于抽象思维发育阶段**
  这个年龄段的孩子往往分不清现实和想象，他们常常认为自己虚构的故事与实际发生的事件同样真实。

📦 依恋和游戏

- **孩子不是撒谎精**
  切忌给孩子贴标签，标签一旦贴上就很难撕下来，难免"一语成谶"。
- **重申看法**
  比如可以对孩子说："在我看来，你必须对我说真话。如果你遇到了问题，可以说出来，我们一起想办法解决，没有必要说谎。"如果孩子能感受到来自父母的信任，那么即使考试没考好，回家也无须把卷子藏起来，以免受惩罚或维护自尊。
- **对孩子的坦诚表示感谢**
  比如可以对孩子说："谢谢你如实告诉我。这成绩是挺让人灰心的。本来你起码能考到班级平均分。"

情绪

- **寻找孩子说谎的情绪根源**
  - 害怕被惩罚(惩罚只会让孩子在后果面前开启自我保护模式,而非勇于承担责任)。
  - 出于羞耻。
  - 出于义气(孩子是否在保护他的同伴)。

- **照顾孩子的情绪**
  比如,发现孩子根本没刷牙,却谎称自己刷过牙时,不妨对孩子说:"我真没想到你竟然说谎了,你本不是一个爱说谎的孩子呀。让我猜猜,你不想刷牙是不是因为不喜欢新牙膏的味道?"

- **切勿语气生硬**
  避免直接对孩子说"我早料到你会这么讲"之类的话。

我的独家经验

- 孩子说谎的原因有很多:可能仅仅出于好玩(也许孩子觉得编一个奇奇怪怪的故事很有趣);可能出于无聊;可能纯粹出于想象(也许孩子只是描述了一个心中希望看到的场景);也可能想博得他人的关注。了解孩子说谎的动机有助于父母与孩子建立更亲密的亲子关系。

28 孩子偷东西怎么办

惩罚无法让孩子拥有责任感，相反，只会让孩子想尽办法使自己偷东西时不被发现。俗话说：猫咪不在，老鼠翻天。

🔺 需求

- **思考孩子偷盗行为的深层原因**
  比如可以问问孩子："你还想继续和这个朋友（被偷对象）玩吗？""你是不是想要一个类似的玩具？""他是不是对你不好，你想报复他？""他是不是朋友比你多，你想给他点颜色看看？"或者"你拿这些钱，是不是因为想集卡片？"

- **引导孩子换位思考，让孩子站在受害者角度想想别人的感受**
  - "如果别人偷了你的东西，你会有什么感觉？"
  - "你偷了别人的东西，该怎么补救？如果你是他，别人怎么做你会好受些？"

- **带孩子一起善后**
  比如可以对孩子说："我们试着想三种解决办法，体面地把东西还给它的主人。"

♥ **关照自己**

- **得知孩子偷东西时,要先向孩子明确表达伤心、失望之情,然后重申我们的期望,给孩子信心**

  比如可以对孩子说:"你拿走了不属于自己的东西,我知道这件事的时候很伤心。尊重别人对我们来说很重要。我相信你能做到。"

我的独家经验

- 如果孩子矢口否认偷了东西,不妨通过游戏的方法来解决问题。阿莱莎·苏尔泰[1]曾提出一个讲故事的方法,故事里的熊宝宝偷了熊妈妈的东西,然后把偷来的东西都堆在屋子中央。熊妈妈疯狂地寻找被偷的东西,但其实所有东西都在眼前。

---

1 阿莱莎·苏尔泰(Aletha Solter),发展心理学家,曾师从瑞士著名儿童心理学家让·皮亚杰(Jean Piaget),是全球公认的依恋关系、创伤及非惩罚性管教领域专家。　——译者注

29 孩子总是说"不"怎么办

有时候,父母越要求孩子停下手里的事情,孩子就越要继续,因为孩子觉得父母没有顾及自己的想法和感受。其实,如果父母能够掌控局面,并且对孩子当下的情况足够了解,不妨坦然接受孩子说出的"不",切勿将这个字视为对自身权威的挑战。

亲子对抗

🔺 需求

- **保持尊重,即便一时间无法与孩子达成共识**
  比如,看到孩子准备横冲直撞过马路时,父母可以这样做:
  – 使用保护的力量。让孩子觉得父母的意图是保护他,而非弄疼他或者惩罚他。
  – 倾听孩子的想法。可以对孩子说:"我看你有些害怕。你也不希望听到我尖叫,对吧?"

- **清楚地解释**
  向孩子讲明白不让他这么做的原因。

- **询问与接受**
  询问孩子刚才被命令时的感受如何,并做好心理准备,迎接孩子为了挽回自尊的"报复性"怒火。

💬 **共情**

- **理解孩子的反抗冲动**

  一旦孩子觉得自己受到重视,反抗意识便会减弱。比如,看到孩子在咬铅笔,不妨对孩子说:"嗯……看起来这支铅笔味道挺好的,放在嘴里感觉挺新鲜。我觉得这是你探索世界的方式。"如果孩子继续咬铅笔,可以说:"也对,这支铅笔是不错。"最后可以对孩子说:"你愿意把铅笔借给我吗?我带你看些东西。"(然后用这支铅笔写字或者画画)

- **转换视角,将孩子的反抗视为需求**

  比如,孩子不肯收拾玩具,父母不妨说:"哦,我明白了,你有其他更有意思的事要做。"孩子听到这句话,就能感受到来自父母的理解。

- **寻求共赢**

  比如可以对孩子说:"好的,我明白你想等这局游戏结束再收拾。但我必须打扫客厅,不收拾玩具没法打扫。你有什么好办法吗?"根据家庭实践的经验,通常的解决途径是,要么孩子自己提出一些建议,要么父母提出一些建议供孩子选择。

我的独家经验

- 一旦孩子发现父母会顾及自己的感受,不会勒令自己不许哭,不会把意见强加到自己身上,也不会强行分散自己的注意力,孩子通常都会选择配合。

30 孩子不讲理怎么办

表达自己内心的想法，是孩子的权利，教会孩子遇事讲道理、尊重别人，则是父母的义务。

📦 依恋和游戏

- 反思亲子关系质量
  - 每次对孩子说话的时候，我讲理了吗？
  - 孩子觉得自己受重视了吗？他的想法被考虑了吗？
  - 在生活中，不讲理的孩子是否只通过蛮横的方式建立自己的权威？

- 与孩子定好暗号，一旦情况失控，见"号"就收

  暗号可以是一个词语（比如"土豆"之类），也可以是一个手势，总之可以把事情重新拉回有理有序的正轨。

- 当自己心情不佳时，提前告知孩子

  比如可以给孩子打好预防针："我今天没什么耐心，比火药桶还暴躁。"

情绪

- 认可孩子的情绪
  比如可以对孩子说:"哦!听到你这么说,我就知道你在生气。""你觉得这件事不公平?"或者"你很少这样说话,一定是累了吧?"

- 告诉孩子我们希望他怎么做
  - "哦!我不喜欢别人跟我这么说话。"
  - "我看出来你还想继续玩,我希望你对我说'我还想再玩10分钟',而不是'你烦死了'!"

我的独家经验

- 有一点儿不讲理也可能是好事,这股子蛮劲既是挺身而出对抗不公的勇气,也是面对恶行时自我保护的胆量。"不讲理"总是让人暴跳如雷,但有时"不讲理"背后也有一定的"道理(孩子所传达的信息)"。很多父母总是惩罚孩子,却不愿意探究"不讲理"背后的"道理"。如果再遇到此类情况,父母不妨让自己冷静一下,琢磨琢磨孩子的"道理"。

31

孩子总是赌气怎么办

赌气好比孩子"关上了心灵的舱门"[1]，这其实也是一种沟通方式。只要起初的不满没有得到重视，孩子就会赌气。如果父母没能关注到孩子的这一变化，那么这股气很可能越赌越凶，一发不可收拾。

🎯 能力

- **引导孩子表述自己的处境**
  - 明确表达自己的感受："在你的身体里有没有哪个地方感觉空空荡荡或者鼓鼓囊囊的？"
  - 明确表达自己的情绪："你是不是很伤心？是不是因为害怕才生气的？"
  - 明确表达自己的想法："你觉得没有人喜欢你，觉得自己被忽视了，是吗？"

📦 依恋和游戏

- **保持良好的亲子关系**
  抽出固定时间陪孩子说话，同孩子玩耍，给予孩子疼爱与陪伴，让孩子感受到父母对其全身心的投入。

- **通过游戏释放天性**
  如果觉得孩子在学校过得不开心，可以试一试角色扮演游戏。比如可以先起个头："他们要去学校。这个人看起来心情不太好。"然后让孩子接下去。如果情况没有改观，则可继续引导："他看上去好伤心，他的小伙伴们不和他一起玩。你觉得他会怎么想？他又该怎么做呢？"

---

[1] 语出伊莎贝尔·菲约扎（Isabelle Filliozat），她是法国当代心理治疗专家。

⛅ 情绪

- **你的回应务必充满好奇**
  - "我觉得你很不开心。你愿意同我说说吗?"
  - "我注意到你有点封闭自己了。如果你愿意,能告诉我事情的经过吗?"
  - "我看得出来,你有点难过。你能跟我说说最近心情低落的原因吗?"

我的独家经验

- 孤立或忽视一个正在赌气的孩子只会激化矛盾,甚至会让孩子觉得赌气是表达痛苦情绪的唯一途径。父母要教会孩子如何正确表达自己的情绪,而不是让孩子自我封闭。

32 孩子爱哭怎么办

哭是孩子求而不得、不被认可或面临威胁时的无力感的发泄。孩子之所以采用哭这一手段，是因为只有哭才能满足自身诉求，或者说孩子不知道如何用其他方式表达。

 需求

- 寻找办法，让灰心的孩子重新获得掌控感
  - 调整家居环境，比如把衣架挂在孩子够得到的位置，让他能自己挂衣服。
  - 给孩子安排他能胜任的家务劳动。
  - 学会在日常生活中放手，比如让孩子自己喝水，如果孩子打翻水杯，可以趁此机会教孩子把水渍擦干净；再比如让孩子自己搭配衣服，就算孩子可能会搭配得奇奇怪怪。
  - 尊重孩子的感受，比如让孩子根据自己的饱腹感进食，让孩子根据自己的身体感受决定穿几件衣服。
- 肯定孩子的付出，无论结果是否完美
  比如可以对孩子说："你已经很小心了，刚刚你用双手端着盘子呢！"

💬 共情

- 关键词"肯定":肯定孩子原本的期待
  比如可以对孩子说:"不能多待一会儿,是挺遗憾的。"
- 关键词"同情":在纠正孩子行为前先表示同情
  比如可以对孩子说:"听说你很想要这个玩具,已经把它写在愿望清单上了。好吧,我也记下来了,我正在考虑是不是把它作为你的圣诞礼物。"

💗 关照自己

- 寻找让自己平静下来的办法
  如果觉得自己的情绪快爆发了,可以摸摸嘴唇、喝一杯水或者找个人替代自己。
- 明白哭是孩子的一种表达
  这表明此时的孩子正处于困境之中。

我的独家经验

- 当情绪被释放时,孩子可能会哭,因为此时他除了流泪,无法通过其他方式表达自己求而不得的境遇。理解了这一点,能让我们更好地应对家里的爱哭鬼。

33 孩子不听话怎么办

面对孩子，尤其是年幼的孩子，我们要做好心理准备，可能一条指令需要重复很多遍，也可能随时遭遇来自孩子的不配合。其实，孩子不听话的原因有很多，也许因为累了，也许因为受到某件事的影响，但我们往往察觉不到。孩子不听话的时候，整个人都处于不讲道理的状态，所以此时与孩子沟通交流是没有用的。

亲子对抗

📦 依恋和游戏

- **温柔地陪伴孩子完成一件事**
  比如孩子不肯穿衣服，父母不妨对孩子说："来，先将一只胳膊穿进第一条袖子，对，现在将另一只胳膊穿进第二条袖子。非常好，现在咱们把可爱的拉链拉上。"

- **发明一条荒唐的规则**
  仍以孩子不肯穿衣服为例，父母可以对孩子说："我只要求你遵守一条规则，就是不许穿两只同样颜色的袜子！"这招也许可以对付不肯自己穿衣服的孩子。

- **以幽默相"威胁"**
  比如可以对孩子说："如果你下次再这样，我就要求你倒立走路！"

 **情绪**

- 认识到我们的指令会让孩子感到不快

  比如可以对孩子说:"的确,让你现在关掉电视去接妹妹放学,令你很不开心。你肯定想继续看电视。"或者"是啊,你玩得正高兴,肯定不愿意去洗澡。那你能不能以史上最快的速度洗完澡呢?"

- 一旦立好规矩,指令尽量言简意赅

  尝试把指令定为一个词,比如简单的"帽子""灯"等,避免用命令的语气冲着孩子大吼大叫。

- 牢记五条箴言,保证指令有效

  - 清晰:可以把一句笼统的"去收拾房间!"变成"该收拾房间了。先从收拾积木开始,把积木收进玩具箱,像这样;然后把毛绒玩具也收进玩具箱;现在还需要把脏衣服收进衣服筐里。对,就这样。"
  - 简短:最好一次只下达一条指令,让孩子完成任务后汇报一下,然后下达第二条指令。
  - 重复:让孩子把听到的指令重复一遍,问问孩子要从哪个步骤做起。
  - 肢体接触:说话时把手放在孩子肩头,或身体靠近孩子。
  - 语气肯定:可以把命令式的话语(如"不许叫!")替换成指令式的话语(如"小声些!")。

我的独家经验

- 等双方都冷静下来之后,可以尝试和孩子复盘当时的场景,一起想想如果重新来过,是否有别的解决途径。同时也可以借小玩偶的嘴,旁敲侧击地告诉孩子当他不听话时父母心里的感受。

孩子不遵守规矩怎么办

如果孩子只是没有遵守某条规矩，但没有伤害任何人，其实没必要上纲上线，无限放大。父母若想表达自己的情绪或需求，只需简单地重申这条规矩即可。比如，孩子没洗手，出于对他健康的担心，可以对孩子再强调一下"饭前便后要洗手"。

🏠 环境

- **用好作息表**
  列一张作息表，贴在家中显眼位置，可以有效提醒孩子有序做事、规律生活。

- **"如影随形"法**
  重申规矩时不妨与孩子面对面，四目相对，营造一种距离近但没有威胁性的感觉。

- **一起定规矩**
  如果孩子亲自参与规矩的制订，他会对规矩本身更加尊重。

- **若用行动干涉，动作务必温柔**
  比如，孩子不愿意从沙发上下来，可以尝试温柔地陪孩子一起下地。一个充满爱意的肢体动作远胜一句干巴巴的命令或一个生硬的手势。

🌱 成长阶段

- **确保所立规矩适合孩子的年龄**
  必须保证孩子的认知水平足以接收和理解父母的指令，保证孩子有足够的情绪调节能力，并能够将指令转化为行动。

- **让孩子拥有责任感而非感到内疚**
  比如可以对孩子说："我知道，你不是故意把花瓶摔碎的，只是在跑过去时碰到了花瓶。那我们就这件事定个规矩，以后你不能在屋子里跑来跑去了。"

♥ 关照自己

- **从长远看，放手不失为解决之道**
  有时，我们做父母的会出于各种原因坚持自己的原则，比如担心孩子的健康、担心其他父母的眼光、联想起自己以往的经历等。然而，一旦我们把眼光放宽一些，看看其他家庭的做法，甚至看看别国的家庭文化，就会发现另有天地。所以，不妨把我们所谓的"坚持"转变为"感觉过滤器"[1]，对可能造成亲子关系对立紧张的事件睁一只眼闭一只眼，比如可以问问自己：我为什么要坚持这条规矩？到底是出于习惯、出于担心，还是我复制了自己父母的老路？

我的独家经验

- 最重要的是，我们要像尊重其他成人一样尊重孩子。孩子都是有样学样的。

---

1 语出卡特琳·迪蒙泰伊·克雷默（Catherine Dumonteil Kremer），她是法国当代家庭关系咨询师。

35

孩子总坐不住怎么办

运动是一项基本需求，对年幼的孩子而言，爬高上低更是一种天性。更何况，运动还能促进孩子的身心健康。

🏠 环境

- 调整孩子体位，促进自主调节
  - 把孩子抱在怀里适度摇一摇。
  - 让孩子在室内蹦床上跳一跳。
  - 让孩子坐在垫子或纸板上，拉着孩子在屋里转一转。
  - 带孩子沿着地上的标记（比如瓷砖拼缝）走一走。

- 放低孩子头部，持续几秒钟
  - 让孩子在沙发上以头在下、脚在上的方式倒坐几秒钟。
  - 若是婴幼儿，可以让孩子坐在腿上，帮孩子仰一仰头。
  - 让孩子在瑜伽球上仰卧几秒钟。
  - 带孩子适当练习前滚翻、单杠倒挂等。

🌱 成长阶段

- 命令孩子"保持安静"是没有用的

  我们不妨反思一下：我们对孩子的期待到底是什么？怎么做才能真正纠正孩子的行为？比如孩子特别喜欢在沙发上蹦跳，如果他实在想跳，可以让他在那个旧坐墩上蹦跳。

- 言语要轻柔

  这样才能保证家里环境安静。

- 给予孩子足够的反应时间

  提出要求后，要让孩子有充足的反应时间。

需求

- 写作业与运动相结合,做到劳逸结合
  - 让孩子在写作业前适当运动,比如做做拉伸、做做"推墙操"、跺跺脚等。
  - 让孩子在瑜伽球上坐一会儿,锻炼专注力和平衡性。
  - 也可以让孩子握一握捏一捏乐玩具球,以释放压力。

- 热闹的游戏可以释放孩子的精力

  热闹的游戏可以释放孩子多余的精力,还可以拉近亲子关系。可以和孩子玩一玩枕头大战、拇指大战等。

- 表达父母自身需求很重要

  比如可以对孩子说:"你很想蹦跳,对不对?而我想休息一会儿。我们的意见有分歧,那现在该怎么办呢?"

我的独家经验

- 一旦发现孩子坐立不安,最好的办法就是鼓励他去运动。当然,竞技体育有时也会给孩子带来烦恼,父母应适时关注,比如孩子可能会对失败产生恐惧,团队内部可能会争吵,甚至需要防止一些游戏最后演变成斗殴。

36 孩子容易冲动行事怎么办

怎样才能让孩子克制冲动情绪，更好地处理人际关系？要靠家庭教育而非一味惩罚。

🎯 能力

- **让孩子在行动前先缓一缓**
  同时问问自己，孩子要做的事会让情况变得更好还是更糟？可以与孩子约定一个信号，比如"停""先想一想"之类的短句，让孩子记得要"三思而后行"。

- **以"保护罩"为喻，向孩子解释人类的亲密关系**
  向孩子说明，每个人都有一个用于保护个人空间的"保护罩"，每个人的"保护罩"大小不同，因为不同的人对于个人空间的需求并不相同。如果孩子与一个人过于亲近，就会戳破这个人的"保护罩"，让此人觉得不舒服甚至脾气大变。如果孩子坚持与此人亲近，那么就需要让孩子知道，他这时已经快戳破别人的"保护罩"了。

- **带孩子玩一些克制冲动的游戏**
  - "１２３木头人"游戏。
  - 发明有趣的指令：告诉孩子只有在听到他的名字前面有颜色词时才举手，并给出听到名字前面没有颜色词时的指令。
  - 说词游戏：轮流说出两个物品的名称，但这两个物品不能属于同一类别，比如，番茄/椅子、黄瓜/沙发、胡萝卜/桌子等。

需求

- **认可孩子的兴奋**

  比如当孩子特别想滑滑梯时，可以先对孩子说："哇，你真是精力充沛，看得出来你很想滑滑梯。"然后再说出自己的期待："但这会儿正有其他小朋友在玩呢，看来咱们一时半会儿玩不了。那么现在你该怎么做呢？"

- **纠正错误的行为**

  比如可以对孩子说："如果你想跑来跑去，可以在过道里跑，而不是在房间里跑。"

我的独家经验

- 如果孩子成功地克制了自己的冲动，务必给予肯定。比如，可以对孩子说："这次你忍住了，你的努力我都看到了。你静下心来想一想就会发现，这个做法非常棒，之后你还能继续和其他小朋友一起玩。"

孩子总是抱怨怎么办

当孩子哭闹着不愿意回家时，他想表达的其实是："这里太好玩了，我不想离开！"要知道，孩子的反应其实与我们成人一样，只是孩子的大脑尚未发育成熟，不能准确地表达自己的情绪。比如遇到这种情况，成人会说："很遗憾，我不得不离开了"，但孩子不会这样表达。

需求

- **如有必要，请孩子给我们考虑的时间**
  比如可以对孩子说："我一下子不知道该怎么回答你。请给我一点时间考虑一下。"做好随时倾听孩子抱怨的心理准备，再决定是否改变主意。

- **转换角度思考问题，孩子的抱怨可能是一种情感需求**
  试想，当孩子以一种不恰当的方式提出抗议甚至直接指责父母时，他到底想传达什么信息？比如，一个孩子说："你从来没给我买过任何东西！你不爱我！"，他真正想说的也许是："我觉得很孤独，我想感受来自你的温暖的爱意。"

- **倾听孩子的心声，但要明白倾听只是与孩子交流的第一步**
  尽管父母做好了随时接纳孩子失落情绪的准备，也想对孩子说"看得出来你真的想要这件东西，所以你生气了"之类的话，但父母也会有自己的情绪，有自身的局限，也会从自己角度出发说出"不行"二字。

- **满足孩子的情感需求**
  比如可以对孩子说："我无法想象你有多孤独。不过确实，我这段时间工作很忙。我需要怎么做你才能真切感受到我对你满满的爱意呢？"

💬 共情

- **站在孩子的角度，了解他抱怨的原因**
    - 孩子："你哪儿都不带我去！"
    - 父母："你是想说，希望我们一起做更多的事情？你有什么特别想去的地方吗？""你表姐上周去了游乐园，你也很想去，对不对？"或者"上次我们一起去公园，出门前那叫一个鸡飞狗跳，我可不想旧事重演。要不我们再谈谈？"

- **用"同时"代替"但是"**
  比如可以对孩子说："我看出来你玩得很开心，同时，我也需要知道，咱们是不是能准时到达牙医诊所。"

- **甄别需求和期待**
  "期待"是可以通过想象来满足的。比如，父母可以通过记下孩子的心愿，表示自己对孩子的重视。

手足之争

在多孩家庭中，兄弟姐妹间会存在潜在的冲突。比如孩子会想：爸爸妈妈对姐姐期望这么高，对我也一样吗？爸爸妈妈是更喜欢我还是更喜欢妹妹呢？为什么哥哥能做到我却做不到？

如果父母有办法摆平几个孩子之间的"战争"——无论是简单粗暴的惩罚，还是想尽办法"端水"以避免孩子们心生忌妒——那固然好。然而，我们都必须认识到，"战争"的导火索就是孩子间的忌妒，而忌妒背后往往隐藏着孩子们无法言说的需求。**所以，忌妒也只是第二层情绪，其下还有根源，就是恐惧。**父母要面对的第一层情绪，就是孩子的恐惧：对失去父母的关注和爱护的恐惧，对失去家庭地位和焦点位置的恐惧。孩子的恐惧和忌妒导致了他们之间"战火纷飞"的日常。如果父母只会用"我们对你的爱和对哥哥的爱一样多""给你留的那块比萨，和妹妹的一样大"等话语安慰孩子，是没有用的。身为父母，深入了解孩子的内心世界，方为上策，比如可以对孩子说："自从你妹妹出生，你过得挺不开心。我们知道，谁都想让父母永远只围着自己转。"

于父母而言，孩子间的争吵也是一个观察孩子的良好契机，**没有争吵并不意味着孩子们能相安无事**（也许是一个占尽上风，另一个不敢反抗，无力招架）。"情感共育"就是要挖掘孩子行为的动机（孩子为什么会这么做）、给孩子提供处理方法（怎么平息情绪、怎么解决矛盾），帮助父母通过调整环境来避免潜在的家庭"战争"（比如不要拿孩子作比较，以避免不必要的竞争）。

38 孩子们一言不合就开吵怎么办

孩子们一旦开战，做父母的就应重视，不能大事化小，也不能偏袒任何一方。

🏠 环境

- **给孩子们独立的空间和时间**
  这样他们就有机会自行和好。有一招也许管用，可以让跑开的那个孩子独自冷静一下。

- **定期与每个孩子单独共度美好时光**
  定期给予每个孩子专属的高质量陪伴。孩子间的争吵很可能源自对父母关注度的争夺，即与父母亲密关系的争夺。

- **提前化解争吵风险**
  每到傍晚时分孩子们的争吵就格外频繁，是不是因为这个时候大家都很疲惫呢？或许可以让孩子分开参与晚餐准备工作，比如一个布置餐桌，另一个帮忙切菜。而每天早晨，将两个孩子分开也不失为好方法，比如一个先穿衣服，另一个先吃早餐，然后轮换。

- **约定信号，避免失控**
  和孩子们约定信号，可以是一个手势，也可以是一句搞笑口令（比如"气呼呼"），一旦某位家庭成员发出信号，其他人就明白应该控制脾气，不能再生气了。

💬 共情

- **用一句话描述眼前的场景**
  比如可以对孩子们说："哇，我看到有两个小孩在大吼大叫。"

- **指出每个孩子的想法**
  -"这次本该轮到你去按电梯，但被妹妹抢了先。你觉得不公平，就推了她，是吗？"

－"那你呢，你想做第一名，但这次没轮到你，哥哥推了你。"

- **指出问题所在**

  比如可以对孩子们说："这里只有一部电梯，但有两个小朋友，那么问题来了，我们该怎么办呢？你们同意让我提出一个解决办法吗？"

- **寻找矛盾源头**

  很多时候，矛盾与积怨有关。父母可以指出矛盾源头，比如对孩子说："看得出来，你正在生哥哥的气。他昨天在爷爷家嘲笑你，你那会儿就不高兴，生他的气了，对吗？"

📦 依恋和游戏

- **用幽默化解矛盾**

  父母不妨以幽默的方式"加入"孩子的"战争"。比如，当两个孩子正打得不可开交时，父母可以钻到孩子之间，用幽默的口吻说："呀，你们正在用脚打仗呢，怎么不带上我呢？我也想和你们一起玩！"

我的独家经验

- 如果孩子只是有简单的分歧，父母只需留心即可。如果孩子没有提出要求，也没有人处于危险之中，那么即使听到用力关房门的声音，父母也无须介入其中。但这也给父母提出了新的要求，即掌握好保护孩子和让孩子学会自主处理人际关系之间的尺度。

39 大宝总是凶小宝怎么办

在多孩家庭中，争风吃醋是家常便饭，而且常在这些话语的包装下出现，比如"这不公平！""他的冰激凌比我的多！""他才是你们的心肝宝贝！"。

📦 依恋和游戏

- **向大宝表明父母的爱意（但不能仅限于口头表达）**

  当大宝表现不好甚至不理父母的时候，恰恰是其最需要爱意的时刻。表明爱意的方法有很多，可以是身体接触、温柔抚摸、娱乐游戏，也可以是一段只陪大宝读故事的亲子时光或一句简单的"我明白"，比如可以对大宝说："我明白，你现在很烦恼，你想让我陪陪你，是吗？"

- **给大宝讲讲育儿故事**

  比如和大宝聊聊家里怎么准备儿童房，怎么购买婴儿用品，讲讲他出生时的故事以及他的所有"第一次"：第一次长牙齿、第一次说话、第一次走路……大宝把家里迎接小宝的一举一动都看在眼里，只是他不知道，当初家里也是这么事无巨细地迎接他的。

- **通过游戏让大宝身边充满爱**

  比如可以告诉大宝，爸爸/妈妈要让他的身边充满爱，然后把他抱上膝头，先敲敲小耳朵，再"举高高"，最后在他头顶轻轻一吻。当然，还要添加"爱的黄金蛋"：假装在他头顶敲一个鸡蛋，然后模仿蛋黄流出的样子，让他觉得父母的爱又一次流满全身。

手足之争

需求

- **透过现象，找出原因**

  父母需透过大宝的一些表面行为，比如凶、好斗等，剖析深层次原因，比如是否害怕父母不像之前一样爱自己，是否担心再也无法得到父母全部的关注等。此时，父母不妨对大宝说："我看你总是很烦妹妹，让她成为我们家庭的一员对你来说一定很困难。你可以跟我说说，哪些方面让你感觉很困难呢？"

- **如果事与愿违，要接受现实**

  如果大宝真的不喜欢小宝，要接受现实。此时，应避免对大宝强行灌输诸如"她是你妹妹，她还小，你要爱她"之类的观念。

- **通过抱怨或哀叹等开启话题**

  比如对大宝说："养两个孩子真不容易啊！你想回到以前爸爸妈妈只有你一个孩子的时候吗？"

> 我的独家经验

- 父母要注意，不能让小宝成为大宝的替罪羊。我这里有一个行之有效的干涉办法，比如可以说："我发现小宝没怎么玩游戏。游戏是需要大家一起玩的。小宝，你也要多参与游戏。如果需要帮忙，就喊我。"

40 孩子总打架怎么办

如果只会对两个闹得不可开交的孩子说"各自回房间去，我不想看到你俩待在一起！"，那可谓一点教育意义都没有。父母务必记住，没有情感联结为前提，批评教育就是空话。只有识别出孩子的负面情绪，才能向孩子重申规矩，比如可以对孩子说："我知道你生气了，但就算生气也没有权利打人啊！"

🎯 **能力**

- **找到解决方案**
  - 理清状况。比如可以先问问孩子："是不是你们都想使用平板电脑？"
  - 集思广益。可以对孩子说："我提议，你们一起想五个解决方案，然后你们从中选一个。现在大家畅所欲言。"
  - 选择解决方案。可以询问孩子："这几个解决方案，你们认为哪一个最好？这个解决方案你们都认可吗？"
  - 实施解决方案。可以提议："那现在就要行动起来了！"
  - 如果再遇到问题，重新寻找解决方案。

- **借助情感教育小游戏**
  比如，可以借助点兵点将游戏或大转盘游戏等。

共情

- **介入、拉架、重申规矩**

  及时介入喊停，将孩子们拉开（视情况而定），并向孩子重申不可以打骂他人的规矩。

- **冷静分析，帮孩子理解他人**

  比如可以问问孩子其他人的反应和情绪："那你觉得，为什么哥哥要这么做呢？有没有可能因为他被喷了水所以才不高兴呢？你是怎么想的？"

- **引入测量工具，教孩子与他人沟通**

  比如可以对孩子说："如果生气有从1到10十个等级，告诉哥哥你生了多大的气。"或者"这是个大问题、中问题还是小问题呢？"

- **修复关系，举止得当**

  教孩子如何为他人着想，并引导孩子表现出与他人重新和好的意愿。父母可通过提问的方式引导孩子，比如："如果姐姐打碎了你的储蓄罐，她要怎么做你才会好受点？""其他小朋友遇到这种情况会怎么做？你有没有兴趣了解一下？"或者"你想不想知道，我在你这个年纪遇到类似的事是怎么处理的？"。

我的独家经验

- 首先必须保证孩子身边的人不打人（孩子打人可能只是出于对身边人的模仿），同时父母也不能利用孩子（孩子会模仿成人世界的权力游戏）。

41 孩子们总是抢同一件东西怎么办

如果没办法做到绝对公平,就应放弃"一碗水端平"的想法,否则只会给孩子带去失望。其实最重要的是让每个孩子知道,他们都能得到各自在家中最需要的东西。

手足之争

需求

- 认识到每个孩子都独一无二

  比如,一个孩子过生日,就没必要给每个孩子都送一份礼物。不送礼物并没有伤害其他孩子,这只是把每个孩子都视为一个独立的个体。

- 如果孩子们互相攀比,引导孩子认清自己的需求

  比如,如果孩子们因为拿到的薯条数量不相同而打了起来,那就问问孩子们他们的小肚子是什么感觉。如果觉得很饿,可以多要一些薯条,而不是考虑别人盘子里有多少薯条。

📦 依恋和游戏

- **孩子、父母"大作战"**
  当孩子们在抢同一件玩具时,父母不妨用幽默的语言假装责骂玩具,然后抢走玩具,引孩子们跑过来抢玩具。一旦孩子们结成同盟,父母就可以束手就擒。

- **做好面对孩子生气的准备**
  试图通过"端水"来避免孩子间的争执,通常是行不通的。

我的独家经验

- 如果我们自己觉得很累,没力气去听孩子们争论,一定要和孩子们解释清楚,比如可以说:"爸爸今晚非常累,没力气听你们争论了。"

42

有个孩子觉得缺爱了怎么办

面对孩子间的忌妒或争吵，父母往往一筹莫展。的确，想安抚孩子绝非易事，因为对孩子来说最重要的是自己的感受，而不是父母给予了什么。

手足之争

💬 共情

- **尝试倾听**
  - "哦，肯定是有些事情我处理得不好，让你觉得我没那么爱你了。你可以跟我具体说说吗？"
  - "谢谢你那么坦诚地跟我说这些，这对你来说很不容易。那现在，如果我摸摸你的头，你会觉得开心一些吗？"

- **缠着孩子玩闹**
  母亲可以先向孩子说出自己想和他一起玩的愿望，而且想立刻满足这个愿望！然后母亲追着孩子跑，边跑边喊想和他一起玩。父亲可以见势拦在路中间，表示自己也想和孩子一起玩，还得配上一句"不嘛！先和我玩！"父母可以模仿孩子们追逐打闹，争夺优先权。

💗 **关照自己**

- **列出自己面对孩子抱怨时可能做出的反应**
  是哭（因为觉得自己某些方面做得很失败）？
  是内疚（因为自己确实偏心）？
  是生气（因为孩子出言不逊）？
  是无视（因为自己也无能为力，或者觉得没有什么大不了的；还是因为不想看到孩子伤心而刻意回避，或者害怕在孩子的故事里看到自己的伤心往事）？
  还是同情（因为心里清楚是自己的做法激起了孩子的情绪）？
  剖析自己的反应能够帮助我们更深入地了解自己，知道自身有哪些脆弱之处。

我的独家经验

- 阅读是孩子获取知识的绝佳途径。我给大家分享两本儿童绘本，让孩子阅读这类绘本可以让他们更好地感知父母的爱，让他们更加安心。
  -《猜猜我有多爱你》，山姆·麦克布雷尼著，安妮塔·婕朗绘。
  -《你还爱我吗》，卡特琳·勒布朗著，伊芙·塔勒绘。

孩子责备我怎么办

永远佛系的父母和永远父慈子孝的家庭是不存在的（即使只有一个孩子）。冲突或责备并非家庭不睦的罪魁祸首，不当的处理冲突和责备的方式才是。

 情绪

- **接受孩子的失望**
  如果发现孩子因为拿到的礼物比较小而失望，不妨帮他进行心理疏导："确实，相比之下你的礼物小了一点，但这是我特地给你挑的，因为我知道你喜欢独角兽。我这么做也是想告诉你，你喜欢的东西我都放在了心上。"

- **了解孩子的心理**
  有时，孩子需要确认自己是否拥有父母独一无二的、无条件的爱，这就需要父母重视对孩子心理的了解，比如是否因为大宝赢了小宝输了，所以小宝不高兴了？大宝又是否会担心被小宝反超？

- **借助游戏，疏导情绪**
  让孩子给玩具娃娃安排角色，父母也扮演孩子指定的角色。比如，大宝忌妒家里新添的小宝，想独享父母全部的爱，他可能会借游戏把一个玩具娃娃扔在一边，让自己扮演的娃娃和爸爸妈妈一起玩。

依恋和游戏

- **角色反转,善用幽默**
  - "大宝,你一直在摸狗狗,一点都不关心我!"
  - "啊呀,把我劈成两半算了,这样你们两个能平分妈妈。但这样也有问题,你们还是会打架!你有了妈妈的右胳膊,而他呢,有了妈妈的左腿,但他也想要妈妈的右胳膊,怎么办?"

关照自己

- **认识到自身经历对育儿的影响**
  部分家长在自己年幼时曾受到家中大孩子欺负,待其为人父母后,一般会偏心家中的小宝(自我代入)。遇到这种情况,家长可适当接受心理干预。

44

如何为小宝的到来做准备

对孩子而言,父母就像一艘"航空母舰"[1]。在生命的早期,孩子这架小飞机几乎终日停放在航空母舰上,孩子渐渐长大,翱翔于天地间,但孩子的内心很踏实,因为他明白,航空母舰上始终留有自己的停机位。但一旦这个停机位受到威胁,小飞机就会回撤,因为这是一个危险信号,使自己无法安心远航。家中新成员的到来会让大宝觉得,这艘航空母舰上将不再有自己的容身之地。

手足之争

能力

- **让大宝做好迎接新生命的准备**
  无论母亲选择怎样的分娩方式,都要给大宝做好心理建设。如果选择在家中分娩,需提前告诉大宝,妈妈待会儿可能会尖叫甚至哭喊,小宝宝可能几分钟后出生,也可能要等上几小时才出生。如果大宝参与了帮妈妈分娩的过程,事后不妨让大宝说说他看到的情景。

- **如果选择在医院分娩,也尽量向大宝解释准备过程**
  比如给大宝讲讲,待产包是做什么用的,妈妈分娩时谁来照顾他,以及他要去哪家医院才能看望妈妈和新出生的小宝宝。

- **跟大宝说说小宝宝是怎么来的**
  可通过影像资料或书籍等向孩子解释孕育生命的过程,解答孩子的疑问。

---

[1] 语出妮科尔·格德内(Nicole Guedeney),她是法国当代儿童精神病学家。

☁ 情绪

- **告诉大宝真相**

    比如可以对大宝说:"有了小宝宝后,你一定会开心,但有时也会很难受,因为爸爸妈妈陪你的时间肯定会变少。小宝宝有时候特别有趣,虽然他还没办法直接和你玩,但有时候他会一直哭闹。你肯定会有一些时候觉得失落,觉得爸爸妈妈不像之前那样爱自己了。但是我们说好了,一旦你有这种感觉,一定要跟我们说,因为爸爸妈妈想让你始终感受到我们对你的爱。"

- **修复大宝受伤的心灵**

    家里添了新成员后,父母无须终日在大宝面前做"模范爸爸""模范妈妈",全天候待命随叫随到,其实大宝也不需要父母这样做。但只要父母察觉到大宝有失落感,就要及时和他修复关系。

- **接纳大宝的双重情绪**

    比如有了小弟弟或小妹妹后,大宝会一边欢喜,一边忌妒和害怕。

45

大宝总是忌妒小宝怎么办

小宝出生后,大宝通常需要较长的适应期。当然,只要大宝的失落情绪能得到理解和安慰,就没事了。

📦 依恋和游戏

- **用小游戏消解大宝的忌妒**
  父母可以假装宠溺一个洋娃娃,比如把洋娃娃搂在怀中,不停爱抚,行为尽可能夸张。大宝见此情景,可能会抢回洋娃娃。此时,父母可以夸张地生气大叫,引来周围人的哄笑。

🔺 需求

- **让大宝表达自己的愤怒和忌妒**
  此时可以问问大宝:"你不喜欢小宝宝吗?""你想做家里唯一的宝宝,是吗?"或者"我一照顾小宝宝你就生气,你是想让我陪着你,是吗?"

- **给大宝一支铅笔,允许他靠戳纸发泄情绪**
  可以对孩子说:"让我看看你有多生气。哦!现在我知道你有多生气了。"

♥ **关照自己**

- **意识到自己很难永远心平气和**

  即便已经为人父母,但有时也会瞬间情绪崩溃或充满无力感,难以心平气和地面对孩子。其实,偶尔受不了大宝的所作所为很正常,但父母必须意识到大宝此时的难过和"被抛弃"的心理,理解其对小宝的不友好行为,并及时与大宝重建爱的联结。

- **通过自我共情,与大宝重建爱的联结**

  不妨对自己说:"是啊,我的确觉得自从小宝出生,我对大宝倾注的爱变少了,他的要求我有时都没法满足。"放过自己,尝试通过关心大宝身边的人(如家人、朋友),与大宝建立新的亲子关系。

46

小宝总是忌妒大宝怎么办

小宝也会忌妒大宝拥有的权利。此时，如果父母只会说"你还小"或者"哥哥大了，所以可以拥有这样的权利"，可安抚不了小宝。

能力

- **允许小宝跟着大宝一起探索**
  如果大宝在某一领域有天赋，从不灰心丧气，不妨允许小宝跟着大宝一同探索。在乐坛、体坛、数学研究等领域，都有兄弟姐妹一起竞技的先例。
- **让孩子明白"家庭"的重要性**
  成也好，败也罢，一家人是一个整体，应当荣辱与共。
- **家庭成员应互相鼓励，彼此认可**
  孩子总会在自己喜欢的人身上寻找认同感，希望他们肯定自己的付出和努力。

情绪

- **理解小宝，并表达他的情绪**
  - "你也想晚点睡觉，想快快长大，是吗？"
  - "你不想做6岁的小朋友，想像姐姐一样做9岁的大孩子，是吗？"
  - "你今天晚上特别想看那档节目，所以你生气了，是吗？是不是觉得其他人都可以看自己喜欢的节目，但因为你最小，所以只有你不可以？"
  - "因为哥哥嫌你烦，所以你把他画下来，又把画撕成了碎片，是吗？"

> 我的独家经验

- 孩子有时特别爱哭,动不动就抱怨甚至动手打人,显得很不可爱,但父母依然要将他紧紧抱在怀中,让其感受来自父母的爱意,直到他不再心存顾虑。但这一过程可能需要耗费较长时间,有时甚至超过一年。

孩子们总想一争高下怎么办

在多孩家庭里,父母爱每个孩子的方式各有不同,这的确是事实,无须否认。但大可不必将孩子们互相比较,孩子们各有所长,父母可以根据每个孩子的性格表达自己的爱意。

手足之争

📦 依恋和游戏

- **"同仇敌忾"小游戏**

    设计几款可以让孩子们联合起来"对付"父母的小游戏,比如合伙把爸爸从沙发上拽下来等。但父母需要把握好尺度,一旦发现情况失控(比如把人弄疼、不尊重他人或逐渐演变为暴力行为等),就必须叫停。这类游戏有意思的地方就在于,能促使孩子抱团赢得胜利。

- **"团结协作"小游戏**

    可以玩"过家家"或模仿买东西、看病场景等。以"看病"游戏为例,父母一方扮演病人,孩子们扮演医生对"病人"进行会诊。此类游戏可加深兄弟姐妹间的情谊,让孩子们产生"一家人"的凝聚力。此时,父母不妨问问孩子们:"当你们团结一致的时候,心里都在想些什么?每个人都说一说,什么事是自己一个人做不成的?"或者"你们最近一次合伙干的蠢事是什么?你们为什么又笑了?"

🔺 需求

- **让孩子们明白，每个孩子都是独一无二、无可取代的**

    比如可以对孩子说："你的笑很有感染力。"或者"你就是你，是世界上独一无二的。"

- **让每个孩子都拥有自己的专属时光**

    给每个孩子留一段专属于他个人、不与其他兄弟姐妹分享的陪伴时光。在这段专属时光里，不要谈论别人，不要互相攀比，也不要试图用物质做"补偿"（比如买礼物）。

    – 尊重每个孩子的性格特点

    比如可以对孩子说："莉莉，你的想法很适合你。苏苏，你的想法也很适合你。虽然你俩审美分歧不小，但你们相处得挺好。"

    – 尊重孩子不愿出借个人物品的行为

    此时，不妨对孩子说："这是你的东西，理应由你决定到底借不借。"

我的独家经验

- 玩游戏时不妨给孩子们设置一些障碍，让他们能齐心协力解决问题。比如让孩子用左手打网球，或下国际象棋时把皇后棋藏起来。

校园生活

自打孩子上幼儿园起，读书上学就成了家庭大战的"导火索"，原因往往有很多，比如难以和老师相处，和同学关系不融洽，难以适应学校的节奏，有的孩子还在学校被贴上"拖后腿""喜欢捣乱"或者"注意力不集中"的标签……家里一个孩子读书，全家都很紧张。但这也无可厚非，因为在当今社会，上学对孩子来说很重要。不过遗憾的是，学校有时无法给孩子提供理想的成长环境，比如，在学校里孩子会被要求长时间坐着不动，校园生活常常迫使孩子和父母分离，孩子会过度重视成绩和名次……而年幼的孩子本应该享受无拘无束、无忧无虑的时光。

父母往往会通过严格要求孩子、牺牲孩子的自尊和良好的家庭氛围，为孩子换得一份好成绩。然而，这样做不仅损害了孩子的表现力，也扼杀了其创造力和好奇心。孩子为了让父母始终"和蔼可亲"，不得不迫使自己强忍活泼好动的天性，压抑想无拘无束玩耍的心情，同时抵制外界无处不在的诱惑，比如来自同龄人或不同年龄段朋友的玩耍邀约，以及来自从不一味说教的大人的邀请。

我们要认识到，集体生活对孩子，尤其是年幼的孩子而言，绝非易事。如果发现孩子不喜欢上学，更想待在家里和父母在一起，按自己的节奏生活，大家也无须惊慌，在现实生活中，这一现象很普遍。

如果孩子有厌学、焦虑等情绪，或对老师有敌对情绪，"情感共育"可帮助父母打开孩子的心房，然后进一步寻找解决方案。而父母在面对孩子学习这个"老大难"问题时，也能更从容。

48 孩子学习上有困难怎么办

孩子学习遇到困难,可能有很多原因:学习方法不当;和老师、同学关系不好;存在学习障碍;学习环境不好(比如学校里竞争太激烈,学习积极性受打击,或者家里太吵没办法静下心来);存在某些隐藏的心理问题(比如学业焦虑或身份焦虑);学习能力有所欠缺;学习积极性有待提高(俗称"没开窍")。

 环境

- **营造良好的环境**
  - 物理环境。比如让孩子拥有一张合适的书桌,孩子学习时家里人不要在旁边看电视,还可以教孩子用不同的颜色标记不同的学习用品。
  - 情感环境。要让孩子心有所依,充满安全感,切勿道德绑架、体罚或者将孩子与其他孩子相比较;同时要肯定孩子的聪明才智,比如可以对孩子说:"你越来越聪明了,能跟我说说你是怎么做到的吗?"
  - 生理环境。让孩子劳逸结合,保证睡眠充足。

- **树立孩子的信心**
  切勿给孩子"贴标签",甚至中伤贬低孩子。

🎯 能力

- 设计一些能让孩子学以致用的场景
- 设计一些充满个性的卡片或图表

  比如设计识字卡片、组织结构图、思维导图、流程图等。
- 培养孩子的动手能力

  比如自己添置学习用品、动手制作彩泥拼音字母。
- 使用多样化学习方法

  - 自测法：比如自问自答、用自己的语言复述知识点、举一反三、拼读词语、使用抽认卡等。
  - 图像记忆法：将知识在脑海中以画面形式呈现出来。
  - 词汇复述法：自己将词汇重新拼读。
  - 提问概括法：问问自己这篇课文讲的是什么？各项之间有什么相似点、不同点？是否有时间关系或因果关系？这件物品是做什么用的？那件物品又来自哪里？

❤ 关照自己

- 战胜自己内心的恐惧，去理解孩子

  是的，这可能真的很难。
- 允许自己犯错，给予自己时间

  大家都在"摸着石头过河"。我们可以通过不断学习积累经验，同时虚心向身边的人请教。

我的独家经验

- 多与学校老师沟通交流，或向专家（语言治疗师、心理治疗师、心理学家等）讨教经验，很有益处。换个学习环境有时也不失为明智之举（比如转学、请家教等）。

49 孩子不想做作业怎么办

有的父母每天会花费大量时间辅导孩子做作业，他们这么做的原因可以理解，比如害怕孩子跟不上、对课上内容查漏补缺或者让孩子的学业更加精进。但父母也要注意，在家不谈学校的事，与孩子共度纯粹的家庭时光同样重要。

校园生活

 环境

- **学习方式多样化**
  比如尝试用白板笔在窗户上写写画画，或边走边学、倒立着学等。
- **让家庭作业趣味化**
  比如用问答法巩固知识、用知识竞赛来了解知识掌握的程度等。

- **运用肢体促进学习**
  比如可以通过戏剧表演学习历史，通过胳膊比划学习数学里的角度，通过手指计数法掌握知识要点等。

能力

- **做好学习规划**
  父母可先抛出问题，引导孩子做好学习规划。
  - "你计划怎么做？准备从哪一步开始呢？"
  - "你要怎么运用已经掌握的知识呢？"
  - "你会用什么方法去巩固这节课的重点难点呢？"

- **验收学习成果**
  父母可以询问孩子以下问题。
  - "你怎么知道你的答案是对的呢？"
  - "在学习这部分内容的时候，你遇到了哪些难点，又是怎么解决的呢？"
  - "重新思考之后，你会修改哪些地方呢？"

共情

- **认可孩子的情绪**

  比如可以对孩子说:"是啊,上了一天学已经够累了,还要做作业。我知道你很不容易,肯定很想玩一会儿。"

- **增加做作业的仪式感**
  - 在开始做作业前,带孩子放松神经或进行呼吸训练。
  - 关注孩子内心的"天气情况",问问孩子心情如何,出太阳表示开心,下雨表示伤心,狂风暴雨表示生气,乌云满天表示害怕和焦虑。如果孩子表示内心"天气不好",父母应及时与孩子沟通。

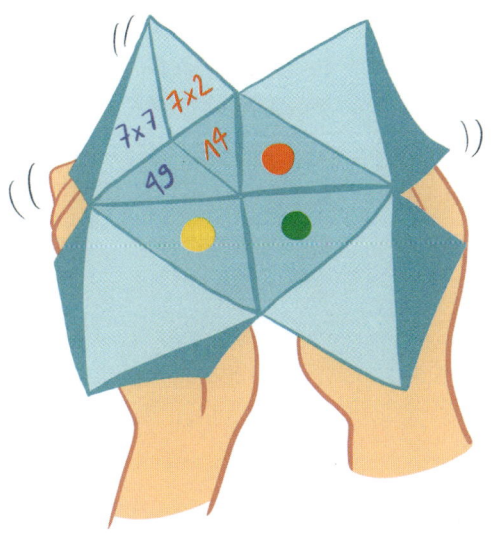

我的独家经验

- 通常,小学低年级只布置口述作业和背诵作业,禁止布置书面作业。

孩子很容易分心怎么办

想保持注意力集中并不容易，影响注意力集中的因素有很多，比如年龄、动机水平、疲劳程度、任务难度等。每个孩子的注意力水平都各不相同，同一个孩子，在不同情况下，注意力水平也会有所差异。

🏠 环境

- **减少干扰物**
  干扰物包括播放的音乐、打开的电视、堆在书桌上的文件、在书房里进进出出的人等。确保孩子在一个明亮、宽敞、整洁、安静的环境里学习。

- **做到劳逸结合**
  做作业间隙适当休息，可以让孩子起身走一走、做做拉伸或放空大脑。

- **戴上耳塞**

- **亲近大自然**
  每天都带孩子外出，亲近大自然，呼吸新鲜空气。

能力

- **让孩子开动脑筋**
  比如让孩子在脑海中设想一些画面、自言自语、自己列出必要的学习用品清单、自己制订具体的学习计划等。

- **引导孩子制订清晰的计划，培养孩子独立执行的能力**
  - 首先，列出每个具体步骤以及要达成的具体的小目标。
  - 其次，在脑海中推演每一步的行动。
  - 接着，确定自查自纠标准，如验算或全文通读等。
  - 最后，按顺序有条不紊地完成每一个步骤。

- **识别孩子分心的信号，集中孩子的注意力或让孩子适当放松休息**
  眼睛瞟东瞟西、头转来转去、做

小动作等情况，通常就是分心的信号。
- 从最难的部分学起

- **明确老师的期望**
弄清楚老师想让学生记住的知识点和掌握的步骤。

🔺 需求

- 关心孩子的生理需求
看看孩子是不是饿了、渴了、热了、累了或压力太大了。
- 在孩子的桌上放一杯水
方便孩子随时饮用。

- 进行放松练习
  - 深呼吸练习。吸气5秒，呼气5秒，如此往复，持续5分钟。
  - 想象面前摆放着一根点燃的蜡烛，深吸一口气后慢慢吹蜡烛，但要注意控制气息，不能用力过猛，要保持烛火摇曳但不熄灭的状态。

我的独家经验

- 父母可以带领孩子进行一些持续时间长的活动，比如下棋、缝纫、制作木雕、玩博弈类游戏等。这些活动可以培养孩子的耐心，同时可以让孩子明白"不积跬步，无以至千里"的道理。

51 孩子不肯上学怎么办

有些孩子每天早上一想到要上学就哭个不停，有些孩子一到考试前就生病，还有些孩子整天抱怨上课时不能去厕所，或者老师取消了课间休息。

💬 **共情**

- **找出问题的根源**

    孩子不肯上学的原因多种多样：比如老师会体罚，和同学有差距，有落后的压力，与父母分离，有成绩的压力，上课无聊，患有分离焦虑症，患有社交恐惧症……父母要做的最重要的一件事，是理解孩子的情绪。

- **和老师见面聊聊**

    和老师聊孩子情况的时候，尽量实事求是地描述孩子的情绪。比如可以如实告诉老师："我女儿每天一想到要上学就肚子疼。"或者"每到考试前，我儿子就睡不好觉。"另外，也可以提前查阅相关法律条文，如有必要可以提醒老师，取消课间休息、集体惩罚等都是违法的。最后，如有需要，可以求助家长委员会。

- **增强上学仪式感**

    对低龄的孩子，可以通过一些小仪式让上学变得"更温暖"，比如在孩子口袋里"存放"一个吻，或者在孩子手腕上画一颗爱心。

- **肯定孩子学业之外的兴趣及特长**

♥ **关照自己**

• **期望还是负担**

问问自己,身为父母,对孩子寄予的厚望是否成为他沉重的负担:

-我为什么要给孩子选这所学校?有哪些因素影响了我的判断?是学校里益智玩具的数量,是这个私立学校的名声,是对学校历年人才培养质量的迷信,还是对孩子成绩出现波动的恐惧?

-我给孩子的,是他真正需要的还是我认为他需要的?我是否忽略了孩子的个人感受?我是否能及时感知孩子的心理?

-孩子能否获得学业成绩之外的赞美和表扬?如果不能,我能否肯定他在其他方面的价值?

-孩子是否喜欢学校的集体生活?如果不喜欢,我该怎么适当减少孩子的在校时间?

我的独家经验

• 孩子不肯上学也可能是心理问题导致,如焦虑症、抑郁症、创伤后应激障碍等。一旦孩子还伴有其他行为(如排斥与学校有关的一切等),父母需意识到问题的严重性,如有必要,请及时带孩子到专业机构就诊。

52 孩子在学校总丢三落四怎么办

一旦发现孩子把帽子或课本落在学校了,我们往往会怒火中烧,忍不住想惩罚孩子。

🎯 **能力**

- **和孩子约定一个小目标**
  比如可以对孩子说:"偶尔把东西忘在学校没关系,但我们能不能约好,一周不能忘记2次?"

- **使用想象法或标记法**
  让孩子在头脑中想象自己正在收拾东西的画面;或直接在备忘录上用红笔勾出必须带的学习用品。

- **鼓励孩子自行解决**
  比如可以问问孩子:"对这个问题,你想出了几个解决办法?""有什么东西能帮你回想起来,外套到底放在操场的哪个角落?""如果把闹钟和铅笔盒一起放在书包里,会怎么样呢?"

- **展现信任,不加干涉**
  让孩子感受到父母的信任,父母不能越俎代庖,强行插手。比如可以对孩子说:"我相信你的聪明才智,你肯定能想出办法。"或者"我知道你一定能够自己改掉坏习惯的!"

♥ **关照自己**

- **自我共情，与自己和解**
  深呼吸，接纳自己身体的感受，认可自己内心的情绪，从心出发调整自己。比如可以对自己说："我确实很生气，因为这是孩子在学校弄丢的第二件夹克了。我希望孩子能珍惜我买的东西。如果这个问题能够得到解决，我会很欣慰，这也会让我们的亲子关系更加亲密。"

- **冷静地对孩子说出自己的感受**
  比如孩子又落东西了，我们可以这么对孩子说："你又把语文课本忘在学校了，要知道你还有作业要做，我很生气，因为我又得麻烦你同学的爸爸妈妈帮忙了。如果你能记着好好收拾书包，把该带的都带上，我就能放心了，只有这样，我才会觉得开心。"

53 孩子一到放学时就大哭大闹怎么办

孩子一到放学时就大闹是一种常见现象，表现方式因人而异，有的是哭闹，有的是不肯自己走路，还有的拿到一块碎饼干就扔出去……面对此种情景，身为父母自然十分尴尬，就好像孩子不愿见到我们似的。其实不然。一整天的校园生活是滋生各类烦恼情绪的温床，因此孩子放学时大闹实乃寻常之事。

▲ 需求

- **照顾孩子的生理需求**
  放学时，孩子可能会感觉肚子饿或口渴，可能会觉得累了，可能想在户外玩一会儿，也可能需要大人温柔的抚摸。这时，不妨提前准备一些水和点心，以备不时之需。

- **让孩子适当"任性"**
  给孩子一点时间和空间，在上车回家前，允许他叫一叫、跳一跳、跑一跑甚至哭一哭。即便手牵手一起走回家也无妨。

- **给予一个爱的抱抱（如果孩子不愿意，切勿强求）**
  肢体关爱的同时也要进行言语关怀，比如对孩子说："看起来，你今天过得不太顺利。我觉得你需要一个爱的抱抱。"

💬 **共情**

- 如果孩子不想让你接他放学，而想让其他人来接他，该怎么做
  - 接纳孩子的失望情绪，可以对孩子说："哦，你更想让××来接你是吗？你喜欢他来接你放学。"
  - 反思是否他人做得比自己好，比如会带点心，会允许孩子在放学回家路上小跑，会带着家中小狗一起来学校接他等。如果自己一时半会儿无法满足孩子的愿望，不妨通过"想象法"与孩子达成共识，比如可以对孩子说："你更喜欢爷爷来接你对不对？爷爷每次都会给你带一个巧克力面包。我想如果我下次接你的时候带两个巧克力面包，不，五个，你肯定会特别高兴的！"

📦 **依恋和游戏**

- 提前预演分别
  可以通过聊天、表演、阅读甚至列计划表的形式，帮孩子提前做好分别的心理准备。比如画一张一周大事表，让孩子提前知道在哪里会和谁分别。
- 感受团聚的喜悦，分别的时候郑重地道别
  应避免让孩子产生被抛弃的感觉。

- 加强家中的亲子互动
  孩子放学回家后，父母不妨陪孩子玩一些亲子游戏，比如骑大马游戏、填色游戏等。

54 孩子有"开学恐惧症"怎么办

经过一个超长的快乐假期,开学(或幼儿园、小学的入学)会让很多孩子感到焦虑。

校园生活

 环境

- **不打无准备之仗**

  提前想到可能面临的困难,并做好应对预案。

  -和孩子一起设计好上学线路。

  -和孩子一起提前踩点,熟悉学校的各个出入口。

  -核对学习用品清单,提前收拾好书包。

  -开学前一晚,不妨通过按摩、讲睡前故事等"入睡仪式"帮助孩子入睡。

  -防止意外发生,开学前一晚提前准备好第二天要穿的衣服,并叮嘱孩子要记得第二天要做的事。

  -和孩子一起选定一个"护身符"放进衣服口袋,比如一根在假期中捡到的羽毛等。

情绪

- **理解孩子的状态**

  比如可以对孩子说:"我看出来你有点害怕,接受要开学的事实不容易。"或者"你更喜欢假期,所以不想上学对不对?"

- **据实说出孩子的情绪变化**

  比如可以直接对孩子说:"其实你一点都不想开学!"

- **接纳孩子的情绪,归纳想法**

  接纳孩子的情绪后,不妨帮助孩子将想法进行归类。比如画一个表格,分为两列,一列表头为"让我害怕的",在其中列出孩子因恐惧、焦虑而产生的想法;另一列表头为"能够帮助我的",在其中列出可以抵抗焦虑心理的小妙招。

- **了解孩子"恐惧"的类型和内心的想法**

  可通过问答法一步步走进孩子的内心。

  -社交"恐惧":

  "我感觉到,你很害怕课间休息的时候会孤零零一个人,你觉得自己很难交到新朋友。是不是这样啊?"

  -课业"恐惧":

  "你是害怕新学期功课太难,自己学不会,还是害怕新学期作业太多?"

  -后勤"恐惧":

  "你害怕学习用品准备得不全是吗?还是你不确定自己选的书包够不够大?"

  -分离"恐惧":

  "你不想和爸爸妈妈分开一整天对吗?你更想和我们一起待在家里是吗?"

孩子总是轻易放弃怎么办

聪明才智不是与生俱来的，需要不断积累经验。

🎯 能力

- **确认心态，共想对策**

  确认孩子的心态后，可以和孩子一起想想对策。比如可以对孩子说："你可以休息一会儿，想想有什么新办法，咱们晚点再试试。""有时候，光靠努力是没用的。如果觉得自己能力有限，可以大胆地寻求帮助。"或者"遇到困难应该怎么克服呢？其他人是怎么做的呢？"

- **明确目标，赋予意义，寻找快乐**

  比如可以对孩子说："我很喜欢看你写作时的样子，我想你才思泉涌的时候一定很快乐。"

- **预测后果，做好预案，以防万一**

  比如和孩子一起想一想"如果……会怎么样？"，然后制订行动计划应对可能出现的后果，比如一起设想3个以上的解决方案。

- **借鉴成功经验**

  比如可以问问孩子："你上次遇到问题是怎么解决的？这次应该注意些什么呢？"

- **注意措辞**

  不妨多用"不久的将来""暂时"等词语。比如可以对孩子说："你在不久的将来就能做到。"或者"你只是暂时不明白而已。"

- 告诉孩子大脑具有可塑性

  父母应向孩子解释清楚，他们的大脑具有极强的可塑性。每当学习新知识时，大脑神经元就在形成新的突触，或强化已形成的突触。随着新突触的构建或原有突触的强化，孩子会变得越来越聪明，付出的努力也将获得回报。

- 通过强调过程的重要性来鼓励孩子

  关注孩子在过程中的付出，比如孩子的努力程度、参与程度、专注程度、坚持不懈的精神和取得的进步。比如看到考试成绩，可以对孩子说："这次的成绩比上次高了2分。"或者"我知道这很难，但无论如何你都坚持下来了。"

💬 **共情**

- 理解孩子的感受

  比如可以对孩子说："的确，想做成一件事结果却没有做成，让人很难受，甚至让人很想哭。""你很沮丧，其实你心里很想做好这件事是吗？"或者"我知道你为什么不开心，因为这件事和你往常做惯了的不一样。"

- 肯定孩子的努力

  比如可以问问孩子："你已经做了这么多，接下来准备做什么呢？"或者"对于结果，你是怎么看的？"

> **我的独家经验**

- 所谓聪明，既要入脑，也要入心和入行。比如可以鼓励孩子："你可以运用自己的聪明才智和勤奋努力为世界做贡献。那么，你要怎么运用聪明的大脑来为世界做贡献呢？"

56

孩子是"完美主义者"怎么办

一句"你无须凡事都力求完美",对一个追求完美的孩子来说没有任何帮助。最好的办法是,承认追求完美是孩子发自内心的追求,认可孩子对完美的需求。

🎯 **能力**

- 找到孩子"完美主义"背后深层的想法
  - 如果孩子说"只有愚蠢的人才会犯错",可以将他的意思理解为"如果我这次没考好,那我在课堂上到底学了些什么"。
  - 如果孩子说"一切都要完美,不然我就不喜欢自己了",可以将他的意思理解为"我追求卓越,这是我的优秀品质"。

- 肯定孩子的努力
  比如可以对孩子说:"这要归功于你的专注。""看得出来,你做了很多工作,真不容易!"或者"是你自己改正的啊,真棒!"

- 鼓励孩子多动脑
  比如可以对孩子说:"我很困惑,我的答案和你的答案不一样。你怎么确定自己的答案是对的呢?""你第一步是怎么做的?你要不要听听我的做法?"或者"你很努力,但我刚刚发现你作业里有个小错误。让我看看,你能不能自己把它找出来。"

- 让孩子懂得学以致用
  比如可以对孩子说:"现在,你就知道该怎么做了。"或者"下次你就知道哪些地方该注意了。"

💬 共情

- **理解孩子的深层情绪**
  比如可以对孩子说:"你试了很多次,但都失败了。你可不想这样!难怪你心情不好了。"或者"为了这份作业,你付出了那么多努力,却没有得到很高的分数,确实令人生气!"

❤️ 关照自己

- **以身作则,反思自己面对错误时的言行**
  比如自己在写采购清单时,可以故意大声说:"见鬼!写错了!唔……拿橡皮擦掉就行了。"

我的独家经验

- 将失败视为挑战,可以开辟新思路,激发新创意。遭遇失败后,要及时带孩子进行复盘。当然,父母在带孩子进行复盘前,应当首先接纳孩子失败后的伤心和失意。

57 孩子没有朋友怎么办

当孩子正感到痛苦时,父母不要说教,也不要做保证,接纳孩子的情绪才是情绪急救的第一步。

🎯 能力

- 重视孩子的社交
  - 可以邀请孩子的同学到家中做客,让孩子在熟悉的环境中与同学建立联系。
  - 带孩子接触一些集体活动,当孩子逐渐融入集体后,父母再逐步抽身。比如可以对孩子说:"我看你刚刚一直在看那群小朋友踢足球,如果你喜欢看,可以问问他们能不能让你近距离围观。"
  - 肯定孩子点滴的进步。比如可以表扬孩子:"我看到你刚才和那个小妹妹讲话了。"
- 思考友谊的意义

  比如问问孩子,我们在友谊里付出了什么、收获了什么?我们什么时候可以判定和某人正式成为朋友?一段友谊的诞生需要哪些要素?

❤ 关照自己

- 将想法归类并反思

  将自己的想法进行归类,可分为"我家孩子必须受欢迎"和"我家孩子不应该受委屈"两大类,然后反思:这对我的触动是什么?我的反应与孩子的需求相适应吗?还是这只是我一厢情愿的想法?

☀ 情绪

- 尊重孩子的天性

  比如可以对孩子说:"我们可以慢慢来。你可以和我待在一起,直到你准备好和他们一起玩。"孩子有时可能会害羞,此时就需要父母的倾听和鼓励。

- **理解孩子的感受**

  比如可以对孩子说:"你被忽视了,所以感觉很难受,愿不愿意和我说说心事?"或者"我没法强迫他和你做朋友,我知道你肯定很难过。可以让我摸摸你的头吗?"

- **让孩子明确说出自己的期待**

  比如可以问问孩子:"在这件事里,最让你难受的是什么?我现在能帮你做些什么?需要我给点建议吗?还是听你倾诉就好?"

我的独家经验

- 有时,如果父母在孩子抱怨时,表达了理解和同情,孩子就会有足够的力量面对自己的处境。

58 孩子有"成绩焦虑症"怎么办

以一时成败论英雄,比如觉得"我没考好"等同于"我很差劲",正是孩子"成绩焦虑症"的根源。考试成绩只能反映孩子在某一阶段的知识掌握情况。考试成绩受孩子近期的学习状态、与老师的关系、对该学科的感兴趣程度、自身的焦虑程度等的影响。

能力

- **直面所犯错误,注重查漏补缺**
  比如可以多刷几遍有针对性的习题、掌握正确的学习方法或者找到犯错的根源等。

- **感受进步的快乐,避免过于重视奖惩**
  让在学校所学的知识真正为个人成长服务,才是最重要的。

情绪

- **理解孩子的失望**
  比如可以对孩子说:"你本来以为自己能考到班级平均分,但分数差了一点,所以你很难过是吗?"或者"你生老师的气了是吗?因为你问她问题时,她没有很好地回答你?"

- **认可孩子的价值**
  面对孩子不理想的成绩,如果父母一味表示失望或愤怒,会对孩子造成更大伤害。

- **肯定孩子的进步**
  比如可以对孩子说:"我想你应该为自己感到骄傲,从70分提升到了80分,就是你努力的回报。我相信,如果你保持现在的学习劲头,肯定能更上一层楼。"

♥ **关照自己**

- **不要向孩子表露自己对名落孙山的恐惧和过分望子成龙的期望**
  在当今社会，拥有一技之长和博士毕业一样，都能受到社会的认可，都能拥有光明的未来。

- **问问自己为什么无法接受孩子成绩不理想的现实**
  是觉得自己不是称职的父母？是害怕孩子今后找不到工作？还是不想让孩子在学校过得太辛苦？

- **肯定孩子的"隐藏技能"**
  想想孩子所有与学习无关的能力与特长，孩子也许在这些方面付出了努力，也收获了友谊。

我的独家经验

- 尽量不要在吃饭时谈论成绩，因为吃饭时间是一家人难得的欢乐时光。

59

孩子受到嘲笑怎么办

我们总是希望，自家孩子不会受到那些冷嘲热讽的影响。但很少有孩子真能拥有强大的心脏。

🎯 **能力**

- 帮孩子找寻反击方式，教孩子打响"自卫反击战"
  - 自嘲法，即用开玩笑的方式将嘲讽夸张化。比如别人嘲笑孩子是"胖头鱼"，你可以教孩子说："哪里是胖头鱼，我是大鲸鱼！"或者"是呢，所以我游泳特别厉害，我在水里是无敌的。"如果别人嘲笑孩子是"火腿"，你可以教孩子说："是呢，但请说是世界有名的火腿——巴黎火腿，谢谢。"
  - "硬刚法"，即一字一句强硬回答。比如别人嘲笑孩子"穿了一件和去年一样的丑夹克"，你可以教孩子说："衣服丑没事，我随时可以买件新的，但你人丑，就没办法了。"
  - 反问法，即用反问的语气让嘲笑者想清楚自己说得是否正确。比如别人嘲笑孩子"女孩子，踢什么足球！"你可以教孩子说："是吗？那阿达·赫格贝里（Ada Hegerberg）那么优秀，你怎么看？"

💬 **共情**

- **理解孩子的耻辱和痛苦**
  比如可以对孩子说:"遇到这样可怕的事情,哭一哭也是正常的。""你觉得事情无休无止了,对不对?"或者"这是霸凌,我们不会坐视不管。我觉得你能撑到现在已经无比勇敢了。"
- **勿大事化小,也勿大做文章**
  如果只对孩子说"别听他们的,他们说着说着也就停了"或者"你要奋起反击,回击他们的话语!"之类的话,是没有用的。
- **一旦遭遇危险,务必采取行动**
  比如把孩子接回家、约见老师或主管部门领导、报警等。
- **提供帮助,但勿强求**
  父母可以给孩子提一些建议,比如通过写信的方式在字里行间表达自己的愤怒;或者带孩子寻求专家的帮助,但务必把最终决定权留给孩子。

60 孩子害怕犯错怎么办

我们都是在不断改正错误的过程中进步的。铅笔顶端之所以有橡皮，就是为了让我们有错就改，自我纠正。

🎯 **能力**

- **为孩子指出当下面临的挑战和已经解决的问题之间的联系**

  比如可以对孩子说："我知道你可以的，因为你之前已经解决过一个类似的问题。虽然这次的问题比上次的稍微难一点，但解决问题的原理是一样的。你打算用什么方法呢？"

- **为孩子理性分析失败原因并指出注意事项**

  −知识储备不足。

  −事先准备不充分。

  −行事冒进，粗心大意。

  −对目标意图领会不到位。

- **激发孩子自我反思**

  −"你学走路的时候有没有摔过跤呀？你摔倒之后是趴在地上不起来，还是站起来继续往前走？"

  −"你觉得哪项技能是人不需要练习就能擅长的呢？"

  −"有没有哪件事你开始时觉得特别困难，但现在觉得特别简单？"

  −"和我说说，有没有哪件事你一直很想做，但又害怕尝试。你能不能从此时此刻开始行动，试着做一做呢？"

  −"如果你试了，最坏的结果会是什么？是什么让你觉得最坏的结果会发生？那你能不能想出至少3个办法阻止最坏的结果发生？"

  −"如果你的朋友和你一样害怕犯错，你会同他说些什么呢？"

情绪

- **理解孩子对犯错的恐惧**

    比如可以对孩子说:"你总觉得自己很差劲,觉得自己什么都做不成,你很辛苦。来吧,在我怀里哭一场。""是啊,想想要推翻重来就让人害怕。"或者"你害怕失败说明你很想将这件事做好。"

- **家庭成员分享失败的经验**

    不妨让每位家庭成员都讲讲自己一天中犯过的错误,以及从中吸取的教训。

我的独家经验

- 我给大家分享一本儿童绘本,这本绘本讲述的是如何将错误转变为机遇和成功。

    -《奇妙错误书》,科琳娜·卢伊肯著。

61 孩子缺乏自信怎么办

所谓自信,既是自身具备的力量(如决定力、行动力、创造力),也是应对脆弱的能力(如克服对失败的恐惧)。

环境

- **展示作品**
  展示孩子自己创作并引以为傲的画作、模型等作品。
- **做做手工**
  不妨鼓励孩子做做手工(如做小工艺品、缝纫等),激发孩子对个人劳动成果的思考。
- **不吝赞美**
  尽情赞美孩子的表现,但不能仅仅用"很好看""很棒"之类的话语赞美。可以换一些赞美方式,比如可以说:"你用了绿色颜料,这让我想起了……"或者"你先涂了这种颜色,然后涂了那种颜色,你是怎么想到把这两种颜色搭配在一起的呢?"

能力

- **肯定孩子的能力和努力**
  尽量将孩子的成功归功于他自身的能力和付出的努力,而不是归功于好运气。
- **用身体语言提升自信**
  告诉孩子面对别人站立时应抬头挺胸,双脚稳稳地踩在地面上,双眼望着对方的眼睛,同时面带微笑。
- **模拟场景,实操训练**
  比如可以带孩子模拟朗诵会、音乐会、小测验等场景,让孩子想象现场可能出现的情况、可能出现的观众或可能被问到的问题。总之,孩子准备得越充分,自信心就越强。

📦 依恋和游戏

- **让孩子身边充满爱**
  不妨引导孩子想一想家人和朋友爱他的原因。
- **树立榜样**
  给孩子讲一些榜样人物的事迹，引导孩子想一想，这些人面临困难时会怎么办。
- **找优势**
  让孩子想一想自己有哪些与众不同的优势。
- **给予安全感**
  给孩子一些眼神和动作上的鼓励，让孩子内心充满安全感。
- **"花式"口头鼓励**
  根据孩子的情绪和感觉，用不同的措辞"花式"鼓励孩子，让孩子充满自信。

❤️ 关照自己

- **别让自己的担忧困住孩子的手脚**
  不妨给孩子一些尝试的机会，比如放手让孩子独自买面包，购物时让孩子自己挑选水果等。

我的独家经验

- 孩子自信心的重要来源之一是父母无条件的爱，即不会因为孩子做得不好而改变的爱，以及对孩子身体、审美和所拥有的东西（即便是公园里捡来的一根棍子）的尊重。

情绪危机

父母是孩子"非暴力行为"的重要榜样，所谓榜样，一方面体现在父母对自身日常情绪的处理方式上，另一方面也体现在父母是否有能力在孩子有悲伤、恐惧、耻辱、生气等负面情绪时，给他提供一个安全且充满共情的空间。父母应该明白，当孩子感到委屈、难过时，被理解是他们最大的需求，之后才是给予建议或说一些安慰的话语。孩子和大人一样，都有情绪，只是大人们能够通过分散注意力或转移精力等方式保持情绪稳定，而孩子不能。

- **生气**是暴露自身能力局限时的抗拒。
- **快乐**则能起到提振作用，促使我们朝自己的目标迈进，也让我们更亲近他人。
- **悲伤**是与亲近之人生离死别或上心之事惨遭挫败时，帮助我们放下对人或事的执念的下行情绪。
- **恐惧**则是一种退缩，让我们能在察觉危险时及时逃离。

　　理解和宽慰孩子并不意味着处处让步、事事宽容。相反，只有与孩子共情才能让其信赖父母，才能真正帮孩子建立起内心的安全感。父母要做的并非帮孩子解决问题，而是正视孩子的情绪，并帮助孩子与这些情绪共处。但要注意，这些情绪是孩子自己的，所以父母只需陪伴在孩子身边，但不用安慰他们，也不用急着给出建议甚至试图扭转孩子的想法。很多时候，拥有来自父母的信任、支持、理解和关爱，对孩子而言便已足够。

　　同样，"情感共育"理论强调的也并非事事接受孩子的要求，而是当孩子遭遇拒绝、失利或打击时，能够做好准备迎接他们"倾泻"而出的情绪。时间是我们最好的盟友，而我们能做的就是陪伴孩子。可以用言语表示对孩子情绪的理解，如果孩子拒绝他人靠近，也可以用充满耐心的沉默陪伴他们走出情绪的阴霾。

孩子太生气了怎么办

生气可以缓解压力。当然，生气过程中不可避免会夹杂一些打人、辱骂等不当行为……孩子生气时会经历一个从沮丧到接受的过程，一般持续几分钟，但如果父母因孩子生气而对其加以惩罚，这一过程会大大延长。

🎯 能力

- **做一个"气"温表**
  带孩子做一个表示生气程度的"气"温表：绿色表示"还行"，橙色表示"火气上涌"，红色表示"我要气炸了"。可以让孩子在觉得自己的生气程度要由绿变橙，甚至变红时，提前通知父母。

- **提供替代方案**
  比如可以对孩子说："如果你觉得很失望，可以对我说'爸爸，我好失望，我其实很想住在奶奶家'。"

- **预设场景，防患于未然**
  比如可以事先给孩子预设场景，问问孩子："如果哥哥把你的蛋糕吃了，你会怎么办？"，也可以借助看电影、读书的方式预设场景。孩子可借此类形式，对场景中角色的情绪或驱使他们采取行动的因素进行假设。

- **明确父母的期待**
  - 对年纪尚幼的孩子可以说："如果你生气了，可以求抱抱。"或者"看看我是怎么抚摸生气的小猫咪的。"
  - 对稍大些的孩子，与其大喊大叫，不如说："我只是不想让你碰我的东西，你碰之前先和我说一声。"
  - 对大孩子可以说："我知道你是懂规矩的，我想知道发生了什么事。而且表达愤怒的方法还有很多种，你想到了哪一种？"

- **化解戾气**
  引导孩子用游戏化解暴力，比如让孩子玩一玩打仗游戏或者追逐游戏。面对生气，最好的办法是缓解和调节，而非压抑。

☁ 情绪

- **感知身体**
  教孩子感知自己的身体，比如可以对孩子说："火气往哪里涌，就把手放在哪里。"

- **表达情绪**
  先让孩子用自己的语言表达情绪，然后父母进行总结，比如可以对孩子说："因为我不同意，所以你觉得我是'坏人'，于是就生气了，是吗？"

- **复述与同情**
  比如可以这么说："哥哥这么做，惹到你了。嗯，他的行为的确很让人生气！我想如果我是你，也一样会生气的。"

- **发泄精力**
  找一些发泄精力的方式，比如发明一套生气舞、在纸上乱涂乱画直到把纸戳破、大声喊叫、呼吸新鲜空气、捏橡皮泥等。

♥ 关照自己

- **寻找途径，接纳自己的失控情绪**
  当自己情绪失控时，不妨试试以下方法，比如用靠垫捂住头大叫、喝杯凉水、把手浸在温水里、给嘴唇涂点润唇膏等。

- **扪心自问，放平心态**
  问问自己，小孩子发发脾气实乃家常便饭，那自己在乎的是什么？是怕自己对孩子的成长状况和心理状态不够了解？是怕自己对孩子过于纵容？是怕孩子将来无法适应社会？还是怕孩子再受一遍自己曾吃过的苦？

63 孩子无法安静下来怎么办

如果孩子不曾学过如何平复情绪，父母只会说"安静点"三个字是没用的。在这种情况下，耐心地引导孩子远比令行禁止更为有效。

🏠 环境

- **避免感官过载**
  尽量远离嘈杂的声音、拥挤的人群、混乱的环境、甜食的诱惑或过热的温度，同时也要适当运动。

- **建立"平静"的仪式感**
  比如可以放一些有氛围感的音乐、偶尔窃窃私语、互相给对方做个按摩等。

- **准备工具**
  不妨准备一些可以帮助孩子重归平静的工具，比如头戴式耳机、可以闷起来睡觉的被子等。

- **防患于未然**
  可以提前预演一些可能会造成孩子焦虑的场景，此处以游乐场为例。
  - 事先和孩子说说游乐场里可能出现的东西，比如糖果、旋转木马、音乐等。
  - 问问孩子如果遭遇拒绝该怎么回应。
  - 定好规矩，比如旋转木马最多能坐几圈，一天最多能花多少钱等。
  - 带一些可以让孩子安静下来的小玩具。

🎯 能力

- **教技巧**
  教孩子一些能恢复平静的技巧。
  - 球呼吸练习：让孩子面朝上平躺，肚子上放一个用纸团成的球，让孩子用眼睛盯着纸球，看着它随着自己的呼吸上下起伏。
  - 碗呼吸练习：让孩子想象自己

情绪危机

面前有一个盛满热水的碗，然后慢慢吹气，使热水冷却。

- **必要时进行复习**

  如有需要，可带孩子复习学过的技巧，比如问问孩子："你还记得我们做过的碗呼吸练习吗？你觉得它有用吗？"

- **有意识地识别情绪**

  让孩子感受情绪激动时的身体表现，如双颊发烫、牙根紧咬、呼吸急促等。还可以向孩子描述自己所看到的情景，比如："我看到你眼睛瞪得像铜铃。"

- **量化情绪**

  可以让孩子给情绪赋分，比如从1分（弱）到10分（强）。如果情绪值超过6分，就可以启用一项平复心情的小技巧。

- **多样化的平复心情的小技巧**

  平复心情的小技巧还有很多，比如可以盯着沙漏看、闻一种沁人心脾的香味、坐着踩网球、求一个抱抱、回忆一段美好的往事……

- **找到解决问题的方法**

  举个例子，我自己焦虑的时候，就会列一张待做清单，然后设置好闹钟防止迟到，脑海中再想想已经克服的困难和想好的对策。

- **其他小技巧**

  - 捏橡皮泥。
  - 抚摸毛绒玩具。
  - 转几圈。
  - 跳几下。
  - 头放低。
  - 搓搓手。
  - 叫几声或哭一场。

我的独家经验

- 孩子更多时候会用眼睛观察父母的行为，而非听父母"教育"自己。因此，我们要谨记四点：
  - 停下来；
  - 深呼吸；
  - 勤观察；
  - 快行动。

64 孩子胆子小怎么办

"害怕"这一情绪也肩负使命,即警告自己目前正处于不安全状态,需要增加安全感。当"害怕"完成使命后,其程度便会降低。父母要做的就是让害怕的孩子感到安全,安抚他们之前应先理解他们的情绪。比如面对一个怕狗的孩子,如果只和他说"奶奶家的狗不咬人"是没用的,孩子如果听不进去,讲任何道理都无济于事。

🎯 **能力**

- **提供信息(比如时间、地点、人物、事情),抛出问题**
  比如可以问问孩子:"你对这件事了解多少?去哪里还能找到更多信息呢?"如果孩子能自己找出答案就再好不过了。

- **评估信念**
  比如可以问问孩子:"如果你跳一下,或者上去靠一下,会发生什么呢?"也可以向孩子提出开放性假设,比如鼓励孩子:"也许下一次你就能做到了。"

- **寻找案例**
  不妨找一个能让孩子举一反三的正面案例,如一件孩子曾经害怕但不再害怕的事情。可以让孩子畅谈他曾经的恐惧,然后问问他是怎么克服的。在这一过程中,孩子会慢慢建立自信心。

- **善用幽默**
  用幽默的语言提出建议,但切勿强求。比如,如果孩子不肯下水游泳,可以对孩子说:"如果你把半个脚趾的四分之一伸进水里,会怎么样?"

- **转换思维**
  比如可以对孩子说:"如果你想说服小伙伴这件事不能做,那你要列出哪些理由呢?"

- **情景演绎**
  可通过情景演绎,展现一些可能让孩子产生害怕情绪的场景,比如给布娃娃打针等。

- **学会与害怕情绪共处**

  比如可以对孩子说:"害怕就是害怕,你害怕的时候可以做些什么呢?拉紧我的手怎么样?"

  或者"被蛇咬肯定特别痛苦,但你几乎不可能被蛇咬,我会保护你的。"

💬 共情

- **理解孩子的害怕情绪**

  比如可以对孩子说:"这是你第一次坐飞机,觉得害怕是正常的。"或者"在这场活动里你一个人都不认识,所以不想参加,是吗?"

- **感受孩子的担忧**

  比如,如果孩子问:"太阳会爆炸吗?"父母也许可以回答:"哦,这是一个让人害怕的想法。谢谢你把自己害怕的事情和我分享。"

- **及时停止**

  一旦孩子在游戏/活动/事件进行过程中出现恐慌情绪,务必立即停下来,让孩子平复心情。

我的独家经验

- 父母应当避免总问孩子"为什么"。相较于刨根问底,孩子更容易接受父母对自己情绪的理解和体谅。

65 孩子不停地哭怎么办

孩子的大脑还未发育完善，所以时常会因为一些鸡毛蒜皮的事（至少在大人眼中如此）哭得一发不可收拾。尽管我们都知道，一旦放任孩子哭，他们自己就会因为沮丧而逐渐消停下来，但面对哭泣的孩子，我们还是会感到无助和紧张。

▲ 需求

- **抱抱孩子**

  把哭泣的孩子搂进怀里，抱得久一些，让孩子感受到来自父母的温暖和爱意。

- **语言安慰**

  在给予拥抱的同时还要辅以语言安慰，比如可以对孩子说："我看得出来，这对你来说很难。能哭出来是好事，我会一直陪着你。尽情哭吧。"

- **情绪疗愈**

  务必记住，哭泣其实是一种健康的情绪疗愈方式，孩子需要的只是父母的支持。

- **无言的力量**

  有时，什么都不说反而更有效。安静的陪伴、理解的眼神或温柔的抚摸就足够了。

情绪危机

❤ 关照自己

- **了解为何孩子的哭泣让我们束手无策**
  - 觉得自己不是一个好爸爸/好妈妈:"孩子哭了,是不是因为我有什么没做好?"
  - 是不是害怕孩子软弱?
  - 是不是害怕孩子重蹈自己的覆辙(孩子再吃一遍自己的苦)?

- **善用自我共情的力量**
  比如可以对自己说:"是的,我已经被他的哭泣激怒了,整个人火冒三丈。"或者"我想有一些自己的时间,真希望他别哭了。"有时,自己大哭一场也未尝不可。

- **流下眼泪,感知自己的感受**
  可以想一想:我自己能哭吗?如果哭了会怎样?如果痛哭一场,我能释怀吗?

我的独家经验

- 父母总会教育男孩子"男儿有泪不轻弹"。然而,男孩子也应该拥有人类全部的情绪,也需要拥有一份安全感。

66 孩子很失望怎么办

失望之情不是三言两语就能打发的,也不是一句"不要紧"就能化解的。

💬 共情

- **想孩子之所想**
  想想孩子原本想要什么,即使他的想法在父母看来可能幼稚可笑或不切实际。如果孩子觉得某件东西特别珍贵,自己却没能得到,那产生失望情绪就再正常不过了。

- **了解孩子的需求**
  比如问问孩子:"你是只想要妈妈听你说说话呢,还是希望妈妈给你一个建议?"或者"摸完你的小脑袋之后,还需不需要我教你一个解决办法?"

- **万事不敌"我信你"**
  无论孩子因何失望(比如考试考砸了、比赛输了、想吃糖却不被允许、杯子颜色搞错了等),都要向孩子传递"我信你"的信息。比如可以这样安慰孩子:"因为你很失望,所以才哭得那么厉害。""你真不希望事情变成这样。"或者"你失望,说明这件事对你来说很重要,你渴望获得成功。"

🎯 能力

- **让孩子做好心理准备**
  可事先告知孩子可能会令其失望。比如可以提前对孩子说："肖肖很可能不能来参加你的生日会，你可能会很失望。"

- **及时纠正孩子的不当行为**
  与孩子建立好情感联结后，应及时纠正孩子的不当行为，可行的途径有好好讲道理、事先做预案、提前预判孩子的不当行为并适当应对、重申定好的规矩等。

我的独家经验

- 想凭自己的力量抗下孩子的失望之情，不让孩子的失望情绪蔓延，通常只是一个美好的愿望。更有效的方法是对孩子说："抱歉，这确实让人很难过。"

67 孩子容易兴奋怎么办

如果孩子的情绪从快乐演变成兴奋，那父母就要注意了，因为这表明孩子对平静或安全感的需求没能得到满足。但有些父母很难意识到这点，因为在他们自己的童年里就没有太多快乐。

 环境

- **重申规矩**
  要和孩子重申立好的规矩，即必须尊重他人，并保证所有人的安全。比如可以对孩子说："按规矩来。想跳的话可以，但我们得出去跳。"

- **抛出问题**
  比如可以问问孩子："怎样才能既让你玩得开心，又不打扰邻居呢？"

- **共立规矩**
  比如可以和孩子共同下载一个检测噪声的应用程序，然后约好发出的声响不许超过某个界限。

🎯 **能力**

- **释放精力**
  让孩子有机会释放自己的精力，比如出去跑几圈，发明一种舞蹈等。

- **感受心跳**
  不妨让孩子感受自己快速的心跳，让孩子意识到自己是身体的主宰。

- **预判危险**
  比如可以提前问问孩子："邀请小杰来家里做客，这事你都念叨两天了。他2小时之后就要来了，你好像很兴奋，甚至有点神经兮兮了。那如果你们闹矛盾了，你怎样才能不生他的气呢？"

☁ 情绪

- **描述孩子的状态**
  比如看到孩子们在疯玩,可以说一句:"用老话讲,这就是玩疯了。"
- **表现出浓厚兴趣**
  比如可以问一句:"我很想知道,是什么让你们开心成这样?"
- **表达父母的情绪和需求**
  比如可以说:"我很害怕你们会受伤。""这类游戏一般玩到最后两败俱伤。""我还是拿走这个花瓶吧,如果你们继续跑来跑去,很可能会把它打碎。"或者"我这会儿需要集中注意力,最好有个安静的环境。"

我的独家经验

- 没有规矩,不成方圆。没了规矩的约束,孩子的兴奋程度会更高。如果不提前给孩子立好规矩,或者违规之后不重申规矩,那孩子就会"无法无天"。

68 孩子总是很不安怎么办

不安能让人在面对危险时及时逃离，向亲人寻求庇护。不安也能让人提前意识到，事情可能比眼前所见更糟糕。

🎯 能力

- **用肢体动作让孩子平静下来**
  - 让孩子将一只手放在腹部，另一只手贴着心脏，然后深呼吸。
  - 让孩子与爸爸/妈妈四手相贴，将爸爸/妈妈往后推（要让孩子在这一过程中感受到强烈的阻力）。

- **做好预测**
  比如问问孩子：这类情况以前有没有发生过？具体怎么回事？过程中有没有发生出乎意料的事情？最坏的结果会是什么？如果能改变结局又会怎样？

- **把错误归于可改变的因素**
  比如可以对孩子说："以你的聪明才智是可以考好的，这次小测验成绩不理想可能是因为准备不足或者你的学习方法需要改进。或许你只是需要更多的时间。"

- **让孩子看到自己的优势**
  不妨带孩子回忆一下他以前依靠自己的优势取得成功的经历。比如可以对孩子说："你曾经独自用积木拼出了一艘军舰，这说明你既有创意又有恒心。"

- **带孩子想象行动的流程**
  在付诸行动前，不妨带孩子先设想一下行动的流程。这个流程分许多步骤，即把一场看似无法完成的行动拆分成许多小环节，环环相扣，同时也要预见流程中可能遇到的阻碍。

情绪

- **保证陪伴和安全**

  比如可以对孩子说："我一直陪着你。你感受到妈妈/爸爸的怀抱了吗？"或者"如果你还觉得不安，我们可以离开。"

- **理解孩子的不安并进行引导**

  比如可以对孩子说："这确实让人害怕，但和我在一起，你永远是安全的。我们还可以一起制订一个计划。"

- **鼓励孩子表达自己的恐惧**

  比如可以问问孩子："你有多不安？你想说点什么吗？"或者"你愿不愿意把心里的不安画出来或者写下来？"

关照自己

- **保证言行一致**

  要知道，情绪不稳定的父母很难安抚孩子的情绪。

- **避免过度保护或放任不管**

  当孩子感到恐惧时，过度保护或放任不管都无法帮孩子克服恐惧心理，因为这两种行为都不能帮孩子学会如何一步一步安全地走出自身舒适区（当孩子探索世界时，需要确保自己身后有父母陪伴，而父母一方面必须引导孩子克服恐惧，另一方面也必须保证自己不会在危险面前吓破了胆）。

孩子很难换位思考怎么办

孩子的共情能力不能通过打骂来培养。打骂只会让孩子为了逃避责罚满嘴谎话。谨记,教育的目的是教会孩子承担责任,而非给孩子带来耻辱或伤害。

情绪危机

🏠 环境

- **鼓励孩子多参加集体活动**
  鼓励孩子多参加团队合作游戏、社团活动、非竞技类体育活动等。
- **注重良好家庭氛围的营造**
  当孩子做了一件好事,一定要对其提出表扬或表示感谢,比如可以对孩子说:"谢谢你清理了洗碗机。"或者"你对小表妹讲话的方式很温柔,我觉得特别好。"

情绪

- **指出孩子的错误**
  比如可以对孩子说:"你把安安默写成绩得了零分的事情告诉了所有人,这对他来说很丢人。"

- **教冷漠的孩子观察他人**
  比如可以对孩子说:"看看娜娜的表情,你觉得她心里会想些什么?"

- **重现场景,突出参与人的情绪、需求和事情的解决方案**
  比如可以对孩子说:"如果当时有人跟你讲了真话,你会有什么感受?那样会更好吗?为什么?"或者"你如何做,朋友会更开心?朋友如何做,你会更开心?"

- **通过测试性询问判断孩子的价值观**
  时不时用他人的某个行为测试孩子,问问他:"你也会这样做吗?"如果孩子回答"会",那就说明该行为符合孩子的价值观;反之,则说明该行为不符合孩子的价值观。

- **教犯错的孩子发自内心地道歉**
  无论是口头道歉、赔偿物品还是把弄坏的东西修好,要让犯错的孩子发自内心地道歉。道歉这一举动也是在告诉对方我很在意我们之间的关系。

关照自己

- **表达自己的情绪和期望,但不要过分苛责孩子**
  比如可以对孩子说:"你说你的朋友很蠢,听你这么说,我有些不舒服。我觉得,我们应该尊重每一个人。你说你的朋友很蠢,是想表达什么意思呢?"

- **表明期待,做好榜样**
  比如理解孩子的情绪,大声地说出我们的情绪和需求,不在背后贬损他人,说清楚要求而非批评、诋毁他人。

70 孩子看到骇人场景受了惊吓怎么办

某些视频（如讲述气候灾难、健康危机等的视频）或画面（如袭击画面、淫秽画面等）会给孩子的心灵带来伤害。所以，请尽量不要让孩子单独观看此类视频或画面。

🌱 成长阶段

- **向孩子循序渐进地呈现世界的面貌**
  要知道，对于6岁以下的儿童而言，他们在电视上看了多少次"9·11事件"恐怖袭击画面，就会认为有多少架飞机撞楼坠毁。

⛅ 情绪

- **陪伴在孩子身边**
  让孩子知道我们一直在他身边，切忌对孩子说"没什么好怕的"之类的话。

- **表达孩子的情绪**
  比如可以对孩子说："不知道这种情绪会持续多久，你还是不舒服对吧？"或者"你是不是心里一直想着这件事？"

- **想想恐惧情绪的益处**
  比如面临健康危机时，可以对孩子说："这病毒也让我们更加注重个人防护，比如从此以后我们都会记得要勤洗手。"

- **解读孩子看到的画面**
  告诉孩子画面中看到的并非真相，而是拍摄或解说画面的人根据自己的观点对真相进行的解读。

- **给予孩子表达的空间**
  不妨让孩子尽情提问或讲述自己的想法，但尽量避免安排在睡前，以防孩子过度兴奋或激动，可以选择吃饭或吃点心的时间。

- **寻求新型表达方式**
  可以鼓励孩子把内心的恐惧用画笔画出来、用橡皮泥捏出来，甚

情绪危机

至编一支舞蹈跳出来……父母在此过程中可以发挥积极的作用，比如指导孩子进行一些克服情绪障碍的练习。

♥ 关照自己

- **接纳自身的情绪**
  恐惧情绪存在的意义并非让我们自己憋出内伤，而是在提醒我们，既要关心自己，也要关注他人。
- **寻找倾诉对象**
  当觉得自己快崩溃时，务必找他人倾诉。
- **经常出去走走**
  定期外出活动，比如跑跑跳跳、唱歌跳舞、大声笑一笑，有助于减少体内压力激素的分泌。
- **夫妻互相提醒**
  如果谈论的话题可能引起不安，在孩子面前，夫妻二人可以相互提醒、相互配合。
- **讨论应适时终止**
  一旦发现孩子出现不适，立即停止讨论，并询问其感受。比如可以问问孩子："你不爱听我们谈论这件事，是吗？你是不是觉得不舒服了？看得出来，你有点害怕。"

我的独家经验

- 孩子的不安情绪可能来去如风，也可能持续较长时间。其症状通常表现为哭泣、睡眠和/或进食障碍、突然害怕某种事物或某种情形（比如突然害怕独处、害怕黑夜）、出现注意力障碍等。

71 孩子遭遇了事故怎么办

务必第一时间照顾孩子的情绪，以免事件，哪怕微不足道的小事，给孩子造成心理阴影。

▲ 需求

- **理解孩子的身体反应**
  比如可以对孩子说："这件事确实让人印象深刻。如果想哭就哭吧。受到惊吓浑身发抖是很正常的反应。"

- **帮助孩子保持冷静**
  即使孩子看似还能走动，也要尽量让孩子待在原地并保持冷静。如果孩子觉得冷，请给他温柔地披上衣服。

- **轻抚孩子的后背**
  将手轻柔地放在孩子的后背上，但尽量不要抑制孩子的身体反应，若孩子出现低声埋怨、颤抖、呻吟等行为，也不要加以限制。

- **引导孩子关注自身伤情**
  比如问问孩子："身体有哪个地方疼痛吗？"

- **探查伤口情况**
  根据孩子描述的疼痛位置，探查伤口情况，然后询问孩子的感受，问问他："现在这个破皮的/烫到的地方感觉怎么样？疼不疼？"

- **引导孩子还原事故场景**
  应耐心地引导孩子还原事故场景，询问孩子到底发生了什么（即描述事件发生过程），并询问孩子的感受。如果孩子产生了负罪感，应当告诉孩子，有这种感觉并不丢人。

- 鼓励孩子叙述事件

  比如可以对孩子说:"你还记得你差点窒息前发生了什么吗?你想把整只鱿鱼一口吞下去,然后它就卡在你喉咙里了。你喘不过气来,我一把摁住你的喉咙,真让人害怕啊!之后发生了什么,你还想得起来吗?"

- 用眼泪、安慰和关怀结束这场事故

♥ 关照自己

- **恐慌会传染,因此关注自身很重要**

  不妨做几个深呼吸,让自己恢复平静。一旦自己感到恐慌,将事情交给其他人是最佳解决方案。

我的独家经验

- 在孩子走出事故阴影的过程中,他们可能会翻来覆去讲这件事。这是一个积极的过程,这一过程能让孩子感受到生活的意义。如果孩子重新拥有了快乐,比如重新露出了微笑、开始为克服困难感到骄傲、重新充满了力量,就说明孩子正在重回生活的正轨。如果孩子仍然表现出痛苦,比如依旧哭泣不止、神色惊恐或充满抗拒,可寻求专业人士的帮助。若想进一步了解这方面的专业知识,我推荐各位阅读彼得·莱文(Peter Levine)的《唤醒老虎:启动自我疗愈本能》一书。

孩子太有攻击性怎么办

有攻击性并非坏事，它能赋予孩子表现自我和保护自身的能力。但父母要注意，"有攻击性"不能与"暴力"画等号。

🎯 能力

- **引导孩子表达自身需求**
  有时，孩子不懂得如何表达自己的担忧和愤怒，需要父母的引导。

- **引导孩子复盘**
  - 认可孩子的情绪。比如可以对孩子说："是啊，这真是令人恼火！"
  - 表达父母的感受。比如可以对孩子说："看到你把作业本扔来扔去，我很生气。每个人都应该爱惜自己的东西。"
  - 引导孩子自己思考问题。比如可以对孩子说："其实你也可以说些什么。如果我不理弟弟，对你有什么好处吗？"

📦 依恋和游戏

- **玩非暴力的打仗游戏**
  比如和孩子一起玩枕头大战或拇指大战，父母假装认输投降。

- **玩声音模仿类游戏**
  面对一个正在喊叫哭闹的孩子，不妨与他一起模仿圣诞老人的笑声，模仿大象的叫声，或窃窃私语。

- **在游戏中倾听孩子**
  父母可以采用美国家庭教育心理咨询专家帕蒂·惠芙乐的倾听方法，在游戏中明确赋予孩子更强势的地位，让孩子在游戏中释放能量。比如，如果在枕头大战中孩子"打"了父母，父母就可以假装东躲西藏，并夸张地求饶：

"哎哟……哎哟……救命啊，我被打啦！"

- **与孩子建立稳定的亲子关系并注重沟通**
  - 用"去人称"法，淡化攻击主体。比如孩子踢人了，可以对孩子说："腿可不是用来踢人的。"
  - 关注孩子的失落情绪。比如可以对孩子说："你是不是很失落？你的小嘴巴都想咬人了。来，我帮你解决这个问题。"
  - 表达父母的信任。比如可以鼓励孩子："你一定能找到另一种表达方式。"

💬 共情

- **剖析孩子的行为，纠正其不当之处**

  如果孩子总出手打父母，也许他只是想表达亲近，但因为害怕被拒绝，又不知道该用什么方式，于是他选择"先下手为强"。遇到这种情况，父母可以教孩子一些表达亲近的方法，比如拉拉父母的手。

- **激发孩子对与父母共度时光的渴望，让这段时光成为玩"攻击"游戏的时间**
  - 一位家长先把孩子裹在毯子里，然后把另一位家长叫来，并告诉他/她有件美妙的礼物正等待着他/她；另一位家长兴奋地拆开"包装"，发现孩子就是最美妙的礼物。
  - 父母和孩子面对面、脚抵脚坐在一起，互相摇晃对方并一起唱"摇啊摇，摇到外婆桥……"，注意节奏变化。
  - 如果孩子把手指做成"手枪"状，正"瞄准"父母，嘴里还喊着"砰！你死定了！"，请二话不说加入孩子的游戏，夸张地假装自己死了。

165

73 孩子很内向怎么办

遗传因素、与亲友的关系、文化环境以及被某些事件催生的想法都会影响孩子的开朗程度。

🏠 环境

- **营造良好的环境**
  如果有人认为孩子内向害羞,应该这样回答他:"不,孩子只是怕生,过一会儿就好了。"

- **提前做好准备**
  - 见面前:先向孩子介绍今天的在场人员、说明今天的流程、提一些与活动场地或人员相关的积极信息。
  - 分别前:提前告知孩子即将分别的消息,提供真实可信的分别理由;向孩子说清楚这段日子将由谁来照顾他,以及他自己应该做什么;明确告知孩子下次见面的时间;离开时认真和孩子道别;若需长时间分离,务必保持定期通话。

🎯 能力

- **通过戏剧或舞蹈表达自我**
  父母不妨自编自导一出戏剧或舞蹈,将孩子设定为故事主角,保证他在剧情中赢得最终的胜利。

- **寻求帮助或自我肯定**
  内向害羞的孩子通常会觉得自己能力不够,或者世界太危险,需要有人挡在他前面。一旦发现孩子开始局促不安,不妨让孩子这么做:
  - 休息一会儿观察情况,或戴上口罩隐藏自己。
  - 寻求值得信赖的人的帮助。
  - 采取措施,恢复平静(如给自己按摩、进行倒计时等)。
  - 总结自身优点,告诉自己"我能行"。
  - 找一个自己能达成的小目标。

情绪危机

情绪

- **尊重孩子的天性,理解孩子的恐惧**

  内向害羞的孩子对新事物或新变化比较敏感,他们需要时间去观察情况、适应环境。因此,父母与其对孩子喊"别看电影了,快过来打个招呼",不如说一句"等你准备好了就过来问好"或者"有没有更适合你的问好方式呢?说一句'你好'或笑一下可以吗?"

- **积极看待内向**

  有时候,内向也会成为优点,比如内向的孩子往往谦逊、观察力强、善于倾听、共情能力强。

- **淡化"内向"**

  比如可以对孩子说:"有时候我也很害怕和不熟的人说话。"或者"你知道纳威·隆巴顿吗?就是哈利·波特的那个朋友,他也很内向,但他是个谦虚、勇敢的人。"

孩子很敏感怎么办

孩子的过敏原多种多样，比如噪声、光线、某些材料或衣物、身体接触、人际交往和某些刺激等。如果孩子特别敏感，不要以"锻炼"的名义强迫孩子做事。

🏠 环境

- 避免背后袭击
  避免绕到孩子背后突然碰他一下，或强行亲吻孩子。
- 回击批评的声音
  如果有人对孩子过度敏感的性格提出批评，不妨这样回击他们：
  - "你家孩子太内向了。"
    回击："我家孩子非常清楚别人对他的看法，等他适应了新环境，他会和其他人融洽相处的。"
  - "你家孩子太敏感了。"
    回击："敏感又不是坏事。是他说过什么或做过什么让你觉得不舒服吗？"
  - "你要逼迫孩子一下。"
    回击："不行，我家孩子不愿意被别人逼迫。给他点时间，让他自己适应新环境，情况会变好的。"
- 想让孩子参与一项新活动时，要一步一步地推进
  如果没办法保证自己有足够的耐心，建议暂缓行动。

情绪

- 用语言确认并表述孩子的烦恼

  比如可以对孩子说:"你不喜欢碰冷的东西。"或者"你现在很想静一静。"

- 分享我们自己的感受

  比如孩子对消防车的警笛声很敏感,我们不妨对孩子说:"我也不喜欢这种声音,我一听到就会捂住耳朵。"

- 鼓励孩子说出自己的好恶

  比如可以对孩子说:"我发现你穿这双袜子的时候感觉不太舒服,要不把袜子反过来穿?"

75 孩子被朋友疏远了怎么办

如果孩子被朋友疏远了,他感到难过是必然之事。

🎯 能力

- **引导孩子进行思考**
  比如,让孩子回想一下自己曾经擦干眼泪走出阴霾的成功例子,思考"成为朋友"意味着什么,以及如何交到可靠的朋友。

- **引导孩子思考自己的收获**
  比如,问问孩子:"你能从这件事中学到什么?其中是否隐藏着你暂未发现的机遇?"

- **引导孩子了解什么是真正的友情**
  比如,控制别人或被别人控制都不是真正的友情。

⛅ 情绪

- **整理复述孩子的话语,切勿淡化孩子的悲伤或愤怒情绪**
  比如可以对孩子说:"你觉得自己被小哲疏远了,感到自己很没用,现在特别伤心,很想哭,感觉心里空落落的。你还在埋怨他,对吗?"

- **倾心陪伴,多加安抚**
  务必给孩子充分且专注的陪伴,如果孩子接受,还可以增加一些肢体动作,如抚摸等。

- **提出问题,解决问题**
  父母可以向孩子提出一些问题,引导孩子自行解决。比如可以问问孩子:"在这件事情中,哪一点让你最难受?"或者"你想让我帮你做什么?"

- **不要试图替孩子解决问题**
  父母要做的,就是给孩子指明方向。

❤ **关照自己**

- **平复自身情绪,以免放大孩子的情绪**
  平复心情最好的办法就是,找一个与此事无关(或受影响较小)的人倾诉。

- **避免他人插手**
  尽量不要让孩子的同学或他们的父母干涉此事。

> **我的独家经验**

- 在此,我为大家推荐两本面向4~7岁儿童的绘本,绘本中讲述的都是有关争吵的故事,故事的主人公都不约而同地通过寻找解决办法化解了分歧。
  -《邻居》,克洛德·布容著。
  -《两栋房子》,迪迪爱·科瓦尔斯基著。

76

孩子处于困境中时不喜欢别人靠近怎么办

有些孩子处于困境中时不允许别人靠近,甚至和他讲话都会放大其负面情绪。让孩子被迫接受令其感到不舒服的接触,对于孩子而言,既非安慰,也非尊重。

情绪危机

☁ 情绪

- **谨记,孩子希望我们与其保持距离**
  父母要尽量保持沉默,不打扰,不干涉。
- **给予孩子安全的独处时光**
  比如可以对孩子说:"那么,你自己待一会儿吧。我去做饭了,如果你想找我,就来厨房。"

🎯 能力

- **若有误解,务必道歉**
  如果当时没能体会到孩子想让我们远离的心情,事后请务必向孩子道歉,并保证今后一定尊重他的意愿。
- **询问孩子从我们这里得到了什么安慰**
  即使孩子回答"没得到什么",我们也应该尊重孩子的答案。

❤ **关照自己**

- **保持内核稳定**
  千万别被他人的情绪牵着走。对自己说,负面情绪是孩子的,不是我的,会有所帮助。
- **学会自我共情**
  告诉自己,被拒绝或觉得自己没用确实会让人难过(尤其是当长辈特别喜欢用肢体接触来安慰孩子时)。
- **知道孩子无须被拯救,只需被倾听和理解**
  孩子能否走出负面情绪与我们能否安慰到他并不直接相关,我们无须自责。

我的独家经验

- "情感共育"的九大要素并非只能单一使用,而是要根据每个孩子的不同情况进行选择(甚至对同一个孩子,在不同时刻也要选择不同的要素)。

77 孩子拒绝吐露心声怎么办

有时，孩子在遭遇情感创伤后会将自己封闭起来，但这并不可怕，孩子有权拥有属于自己的心灵花园。只是父母需要时刻关注孩子，以免问题变得严重。

📦 依恋和游戏

- **借助玩具，重现场景**

  心理学家劳伦斯·科恩[1]曾举过这样一个例子：一位母亲和她的女儿在结束一天的紧张生活后一同玩布娃娃，让"她们"睡觉。妈妈对其中一个布娃娃说："今天白天有人在这间屋子里大吵大闹。"她女儿立马对另一个布娃娃喊道："你今天表现太不好了！你今晚只能睡在地上！"妈妈听到后立马说道："可我觉得她白天那样做不是故意的，她今天太累了，你更应该抱一抱她。"

- **寓教于乐，启发孩子**

  比如可以让孩子读故事书，或借助游戏卡片来讲述人物故事，同时引导孩子认同故事中的主人公，从而对孩子有所启发。

---

[1] 劳伦斯·科恩（Lawrence Cohen），美国当代心理学家、作家、心理咨询师，著有《游戏力》等。 ——译者注

💬 共情

- **分析孩子行为背后隐藏的情绪**
  孩子不愿意敞开心扉的原因有很多,可能出于羞愧或害怕(害怕被惩罚),可能想保护某位朋友,也可能太过生气或悲伤,导致说不出话来。

- **避免强迫孩子**
  千万不要对孩子说诸如"快跟我说话!你为什么不肯说话?如果你不告诉我发生了什么,我肯定没办法帮你"之类的话。孩子听到这样的话,必然会拒绝父母的帮助。

- **描述看到的情形**
  不妨对孩子这样说:"我看你好像有点烦心事。"

❤ 关照自己

- **反思自身呈现脆弱的方式,以身作则**
  想想自己在悲伤、害怕时,是否会封闭自己。很多时候,孩子会向大人学习。

- **活跃家庭气氛**
  平日里,可以组织家庭成员多多交流,彼此说一说心事。

孩子不听从我的建议怎么办

很多时候，孩子想要的只是来自父母的理解和一个可以依靠着哭泣的肩膀，并不是什么建议。

 需求

- **寻求建议但不听从建议也许是孩子激起父母共情的一种方式**

  孩子不听从建议，说明其内在的共情需求未能得到满足。如果父母能感受到孩子的艰难处境，感知孩子内心深处的情感，孩子就能以更开放的心态接受父母的建议。

- **孩子需要的是明确、有效的建议**

  如果父母只会说"别想了，会好起来的"，孩子极大概率不会听从。此类建议既生硬又欠考虑，可以说毫无帮助，反而"浇灭"了孩子求助的热情。

共情

- **询问孩子是否需要建议,并尊重孩子的意愿**

  其实有时候孩子的确需要父母的建议,但在此之前,他们更需要的是来自父母的尊重。有时候,让孩子拥有被尊重的感觉就足够了。尊重孩子不想要建议的选择,是尊重孩子的体现,也是关爱孩子的表现。

- **复述孩子的话,表现对孩子的理解和关爱**

  比如可以对孩子说:"小金真是这么说的?那你是得生气了!你是怎么回答他的呢?"

- **有时孩子只是随口一说,其实并不需要我们提供建议**

  比如,一个嘴上喊无聊的孩子,并非一定想玩,可能只是想被关注。此时不妨对孩子这么说:"哦,你觉得无聊了?是啊!下雨天确实让人感觉时间过得更慢些。"

关照自己

- **克制给出建议的冲动**

  实际上,在给孩子提建议的过程中,我们也在试图纾解自己内心的不安。

- **审视自己的行为**

  一旦意识到自己没能与孩子共情,我们不妨带着好奇心审视自己的行为。比如可以对自己说:"我觉得很紧张,我的不安指数飙升到了70分。"

孩子无法忍受分离怎么办

年幼的孩子本就需要父母长时间的陪伴。孩子在分离时出现焦虑情绪，是无法抑制的本能所驱使的，并非孩子胡搅蛮缠，也不是父母没有尽责。

情绪危机

💬 **共情**

- **理解依恋理论**

    对未知产生恐惧能起到自我保护的作用。如果父母（或孩子依恋的其他人）能对"分离"进行耐心解释，一步步为孩子建立安全感，那分离焦虑程度较轻的孩子就能逐渐克服分离时的负面情绪。

- **永远不要悄悄离开，以免孩子产生被遗弃的感觉**

    明确告知孩子分离很快会结束，也许能减轻孩子的痛苦。也可以对孩子这么说："是啊，你本想继续和爸爸妈妈生活在一起，但现实确实让人很伤心。"

- **增强分离和团聚的仪式感**

    比如可以把车停在离学校稍远的地方，然后步行送孩子去学校，一起聊聊天。

🎁 依恋和游戏

- 永远不要毫无征兆地离开孩子
- 在游戏中逐渐拉开父母和孩子的物理距离
  - 父母与孩子互换角色。父母撒娇打滚央求孩子:"我不让你走,不要走,不要走!"注意语气要轻柔,方式要幽默,同时夸大与孩子的亲密关系,从而帮助孩子降低依恋度,增强自主性。
  - 取一根绳子,一头系在孩子身上,一头牵在父母手中,测测孩子可以独自走多远。
  - 如果孩子声称妈妈不见了,其他家人可到处帮孩子"找妈妈",重点找一些不可能藏人的地方,如坐垫底下、家具底下等。

💗 关照自己

- **审视自己**
  不妨问问自己:我准备好和孩子分离了吗?这样的分离对孩子来说(考虑年龄、需求等)是否合理?我是否充分信任照顾孩子的人?我的担忧对孩子的不安又有何影响?
- **想一想是否自己也没有做好分离准备**
  如果自己真做好了准备,可能就不会如此肝肠寸断。
- **充分了解学校环境**
  比如,教职员工是否和蔼可亲?同学们是否粗暴无礼?学校的午间休息时间是否足够?
- **重新考虑家庭和工作的平衡**

父母之道

如果孩子知道自己捣乱的后果，比如被惩罚或者被同学嫌弃，却还是故意捣乱，那父母就必须了解孩子这么做的原因，到底是因为捣乱会给他带来好处（有意或无意），还是有其他原因，比如这个年龄段有特有的冲动或者学习压力太大以致出现了焦虑。当然，神经发育障碍性疾病不在本书讨论范围之内，如孩子有注意缺陷与多动障碍或自闭症谱系障碍等，请及时带孩子就医。

即便父母会对孩子的捣乱行为施以惩罚，但一旦孩子觉得捣乱的"收益"更高，利大于弊，他们就会故技重演，因为孩子更喜欢被关注，而不是当"小透明"。父母不妨将孩子的捣乱行为视为交流的手段，从这一点出发，去发现孩子心中"隐秘的角落"，比如孩子到底害怕什么，他想表达自己缺失什么，他未得到满足的需求是什么。是饿了，困了，累了，还是想安静一会儿，想要一个拥抱？法国神经心理学家若埃尔·蒙泽（Joël Monzée）提出了"共同责任"这一观点，认为父母应该先审视自己的行为，比如问问自己：我是怎么管理情绪、处理焦虑的？我在做家务这件事上，给了孩子多大程度的信任和自主权？我有哪些地方确实做得不好？我能否在给孩子下达指令时把话说得再清楚些，或者让自己的指令更符合孩子的年龄和当时的环境？我自己有没有带头遵守给孩子立的规矩？如果我不改变自己现在的行为，不想更好地回应孩子的需求，也不去缓和我们的亲子关系，对我有什么好处？我能从中得到什么？我是否曾嘲笑其他人（尤其是另一半），甚至表现出攻击性，而不去尝试着好好沟通？在处理人际关系时，我又树立了怎样的榜样？我自己身上有什么欠缺之处，有哪些方面需要改进和提高？

如果我们不先想想为什么我们会这样对待孩子，不先从根源入手找找自己身上的问题，"善待式教育"就是无源之水、无根之木。**本书的最后一部分是想邀请各位共同反思，我们接受的教育是以怎样的方式塑造了我们的世界观、我们的下意识反应、我们参与的"权力的游戏"以及我们与他人构建联系的方式。**

80

我用积极的话语下达指令，但孩子依旧不听怎么办

专家一般都建议父母向孩子下达积极的指令，比如用"走一走"取代"别跑"。如果能提前了解孩子的动机，父母可以在下达指令时更加游刃有余。

🌱 成长阶段

- **反思我们的期待**

  我们下达的指令是否超出了孩子目前的理解能力？孩子能做出指定动作吗？要知道，对年幼的孩子而言，要做到压抑自己是极其困难的，比如忍住不触摸物体等。

- **考虑所处环境**

  想想孩子是否因为太累或太过兴奋而无法遵从指令，孩子是否能听清我的指令。

- **确保指令是有意义的**

  不妨要求孩子将指令用自己的话复述一遍，或让孩子自己说说将怎样按照指令行动。

🎯 能力

- **切勿想当然**

  千万不要理所当然地认为，只要自己定规矩时用了积极的话语，孩子就一定会遵从。请做好三令五申反复强调的准备。

- **训练缺失的技能**

  一个只会从别人手中抢东西的孩子肯定没学过什么是等待。那么，父母就可以针对这一点对孩子进行训练，比如可以玩一些需要排队等候的角色扮演游戏，或者排演情景剧，让小玩偶们分享自己的玩具。

需求

- **找到孩子的动机,并以此对指令和环境进行调整**

  比如可以提前准备一个旧脚凳让孩子在上面跳,以免孩子总在沙发上跳来跳去,或者在下达命令时把一只手搭在孩子肩头。

- **如果孩子"屡教不改",探寻问题的真正原因**

  比如,如果孩子知道某个行为会刺激父母,他可能会通过延续这一行为来满足自身对亲子关系的需求;或者孩子故意做出明知不可以做的动作来验证禁令是否真正管用。

共情

- **理解孩子的沮丧或好奇**

  比如可以对孩子说:"看得出来,你真的很想进那间房间看看,那里有好多有趣的东西。但现在只能待在这里,所以你生气了。"

关照自己

- **反思我们的底线**

  我们愿意给孩子多大程度的自主权?这个问题迫使我们必须根据当时的具体环境来审视自己的习惯和反应。当然,有些情况允许例外出现,而孩子也能明白偶然性的存在。

81

我说了"不行",但孩子仍然我行我素怎么办

实际上,孩子的某些行为正满足人类的基本需求或符合人体的发育阶段,比如触摸一切、品尝一切、攀登一切等。无论父母说"停下来"还是说"不要这么做",都无法改变这种天性。

🏠 环境

- **陪伴**
  温柔地陪伴在孩子身边,用言语和动作与孩子建立联系。

- **下达指令时俯下身子**
  在下达指令时,不妨俯下身子贴近孩子的脸,甚至可以蹲下来,让自己低于孩子的眼睛。

- **告诉孩子该做什么**
  比如可以直接对孩子说:"我不希望你跑,走一走吧。"或者直接说出自己的要求,比如:"在草坪上,你可以跑步。但在游泳池旁边,你只能走路。"

🎯 能力

- **提前预测,防患于未然**
  比如可以事先问问孩子:"如果你处在这样的情况下,会怎么做?"

- **表达我们的情绪和愿望,解释规矩的基础和依据**
  比如可以对孩子说:"你的安全与健康对我来说很重要。"

- **告诉孩子游戏的界定**
  比如过马路就不是游戏,不能乱来,因为很危险。

情绪

- **理解孩子的心理**

  比如可以对孩子说:"你还想继续骑自行车,是吗?是啊,要停下自己喜欢做的事真是太难了。"

- **认真对待孩子的愿望**

  比如小女孩之所以很想要个洋娃娃,可能因为如果她有了这个洋娃娃,游戏就能更加新颖有趣;也可能因为她终于有了和其他人一样的玩具,终于能更好地与小伙伴交流。小女孩可能还会萌发让父母多花点时间陪她一起玩的想法。当然,满足孩子的愿望及其深层次的需求,并不一定非得花钱买下孩子想要的所有东西。

关照自己

- **反思孩子一直不听话的原因**

  想一想:孩子是在哪里学会和父母对着干的?又是怎么学会的?其实,如果父母的控制欲太强,孩子就会一直试图捍卫自己的自主权。

- **想一想是否真的有危险**

  问问自己,孩子这么做的存在危险吗?我说的话有说服力吗?

82

我提供了选择，但孩子通通拒绝了怎么办

如果孩子不想穿衣服，有人会建议父母给孩子提供一些选择，比如让孩子在两件衣服中进行挑选，仿佛这么做就能赋予孩子选择的权利。但事实上，这种做法一方面抹杀了孩子的自主性，另一方面也影响了正常的亲子关系。

☼ 情绪

- **对自身感受负责，与孩子良好地交流**
  比如可以对孩子说："如果你不穿外套，我会生气，我担心你会着凉生病。"

- **以非暴力的方式表达不满**
  父母无须时时刻刻要求自己心平气和。
  - 可以强有力地表达我们的情绪，比如对孩子说："不行！太过分了，我已经很生气了！"
  - 可以"喊出"我们的需求，比如对孩子喊一声："别动我的东西！"

🎯 能力

- **一起解决问题**
  比如，孩子穿着一双球鞋，父母如果担心他把脚弄湿，可以在孩子出门随身带的包里装一双靴子，以备不时之需。父母不妨对孩子说："我知道你更喜欢穿球鞋，不喜欢穿靴子；但我担心你把脚弄湿，所以给你带了靴子。你有其他好主意吗？"

- 让孩子为其自身行为承担责任和后果

  吃一堑长一智，孩子会在错误中吸取教训。但应注意，不要训斥孩子。

💗 关照自己

- 审视提供的选择背后隐藏着什么

  问问自己：是否考虑过孩子的自主性？是否考虑过孩子为什么会拒绝？在平等的成年人关系中，自己会向另一位成年人提供错误选项吗？

- 反思我们的意图和家庭情况

  比如问问自己：我是否正在试图降服孩子，但又不想让别人觉得我很强势？目前我使用的教育方法会造成亲子关系紧张，如果我继续沿用这些方法，我会得到什么？是得到怨天尤人的合理借口，得到其他家长的接纳，还是得到和另一半交流的共同语言？

我的独家经验

- 孩子需要真诚的、互相尊重的亲子关系，父母可以坦诚地对孩子说"行"和"不行"。父母有权利（当然也有义务）充分表达自己的观点，也有权利和义务接纳孩子的沮丧和愤怒。

孩子的情绪让我高度紧张怎么办

有时,孩子的情绪会"传染"给我们,让我们高度紧张。

🎯 能力

- 试试情绪调节法
- 记录自己为人父母后出现过的情绪

  标记出最激动的时刻,以便日后进行调整,防止再次出现情绪过激。

🔺 需求

- 明确自身未得到满足的需求
  - 是安全感吗?孩子强烈而不可预测的情绪让我们失控。
  - 是身份认同感吗?孩子的愤怒、悲伤、恐惧等情绪都考验着我们为人父母的能力。
  - 是失落吗?当孩子渐渐不再需要我们时,彷徨和无助的感觉就会充斥内心。

☁ 情绪

- **接受激动的情绪**
  尖叫、哭泣甚至过度喜悦都会让我们的身体警觉，因为此刻的身体已经感知到了情绪变化，并对可能出现的"危险"做好了应对准备。

- **找出感觉紧张的部位**
  观察紧张感带来的身体反应，然后将注意力集中到紧张部位，慢慢调整呼吸。

- **定期发泄情绪**
  比如用力揉面团、步行下班时顺道去公园走走、大声哭泣、做做拉伸、进行深呼吸等。

♥ 关照自己

- **治愈自己曾经的创伤**
  阅读书籍、维系稳定的婚姻关系、接受家庭教育专家指导或接受心理医生干预都可以帮助我们理解自身的过度反应。举个例子，如果一位家长在孩子哭泣时会吓得一激灵，那说明孩子的哭泣声会让其产生恐惧，可能会让其想起自己儿时父母的吼声，从而感到不寒而栗。

- **识别"寄生性情绪"**
  如果某种情绪只会加剧问题而非解决问题，那就说明有一种源自过往的"寄生性情绪"阻碍了"恢复性情绪"的生成。此时，不妨问问自己，是否有一种情绪取代了另一种更合理的情绪（比如，理论上应该悲伤，现实中内心却充满愤怒；或者心中压抑着的悲伤取代了合理的、能起到保护作用的愤怒）

- **偶尔当回"挑事人"**
  有时候，不妨主动"挑起事端"，以强化我们对自己（比如觉得"我很差劲"）、对他人（比如觉得"不能依赖任何人"）、对生活（比如觉得"生活就是一场战斗"）的信念。

- **生活环境不容忽视**
  日常饮食、每日作息、家庭关系等因素都会对压力轻重产生影响。

84

我没办法心平气和地和孩子沟通怎么办

生气的时候，大脑会启动"愤怒反应"，这些反应来自儿时的模仿或在生存过程中习得。强大的大脑连接已经建立，"愤怒反应"很容易占据主导地位。如果与打人行为有关的神经元和与愤怒有关的神经元同时触发，那么人在生气时就会动手打人。因此，如果不经过后天训练，心平气和地与他人沟通确实很难。

🎯 能力

- **自行离开20分钟，让自己恢复平静**
  只离开5分钟，可能远远不够。
- **情景模拟**
  不妨在脑海中复盘争吵时的场面，想想如果换些措辞或举动可能产生的结果。
- **通过阅读或训练，"忘记"原先的习惯性反应**
  注意，千万不能让心平气和的沟通成为一种僵化的模式，以免自己像机器人一样毫无感情，或充满无力感。相反，应将其视为一次清楚了解自己内心感受（包括情绪、需求和愿望）的绝佳契机，想清楚后再开口或采取行动。

💬 共情

- **了解自己,明白自己一旦提到重要的事,就会加重语气**
  比如可以向对方开诚布公地说清楚:"当我这么讲话时,说明我对这件事情很上心。"
- **自我共情,减少指责他人的想法**
  比如可以把一句"我再也不信任我老公了"变成"我很失望,因为我真的需要被理解。当我老公无法理解我的时候,我感觉我们的关系没有任何意义。我真的很希望他能理解我,也真的很想信任他",即把一种判断变成一种愿望。
- **重新思考对孩子的负面评价**
  如果责怪孩子时,总是使用"从来不""从来没有"这样的词(例如:"孩子从来不好好听我讲话"),就太武断了。其实,我们也可以找找有关孩子的值得表扬的例子,比如可以说:"前天,她还自觉地收拾了餐桌。"

⛅ 情绪

- **大胆表达自己隐藏在愤怒背后的担忧**
  比如可以对孩子说:"你迟到了半个小时,我真的特别担心。你如果能提前告诉我一声就好了。"
- **确定自己发怒的动机**
  问问自己:是因为面对孩子就拥有了别处没有的上位者权力,是因为害怕孩子成为"小皇帝",还是因为想给自己树立一个让人看得起的家长形象?
- **承认自己的过失**
  如果偶尔犯了错,不妨原谅自己并请求他人原谅。

85

我无法冷静面对发脾气的孩子怎么办

面对发脾气的孩子，做父母的经常手忙脚乱、焦头烂额，有时会说出一些命令式的话语（比如"别闹了！"）。也许因为我们从小就听着命令式话语长大，所以当我们面对发脾气的孩子时，只会使用这一手段。

🏠 环境

- **识别孩子发脾气的信号**
  - 开始叹气或嘀咕埋怨。
  - 脚步拖拉，不肯跟着走。
  - 开始赌气。
  - 出现攻击性言语或行为。

  如果父母无法准确解读这些前兆性行为，那孩子就会开始发脾气，同时也会吸引父母来安抚他们。

- **如果可以，学会放手**
  可以把闹脾气的孩子放手交给身边的人，如自己的朋友、家人、邻居、专业医护人员等，他们能够倾听、理解和帮助手足无措的父母，也可以抚慰孩子。

🎯 能力

- **采取行动**
  要注意，应该本着制止危险行为的目的阻止孩子的行为，不能带着某种挟私报复的心态。比如，孩子一直在屋子里玩皮球，很危险，那不妨先口头向孩子说明"要玩皮球可以出去玩，在屋子里的话就玩点别的"，如果无效，再没收皮球也不迟。

依恋和游戏

- **投其所好**
  如果看到孩子在做一件明令禁止的事，与其对他大声呵斥，不如引导孩子做一件他更感兴趣的事。

情绪

- **尽可能充分表达自身感受**
  比如可以说："我真的很苦恼/很沮丧/很难受！"
- **警告他人自己的愤怒不断飙升**
  比如可以说："我的怒火就像龙卷风一样强烈，很可能再上升到飓风的级别。"
- **允许自己抱着靠垫哭泣或尖叫**

成长阶段

- **时刻记住，年幼的孩子会被其无法掌控的强烈情绪所支配**
  孩子发脾气时，父母不妨安静地撤退，此举能有效避免亲子冲突升级。
- **如果实在难以抑制，尽量别当着孩子的面大吼大叫**
  最好背着孩子放声尖叫。

我的独家经验

- 不妨想象自己正在面对一位客人或一位"爱发脾气的租客"，而非年幼的孩子。

86 我不喜欢陪孩子一起玩怎么办

玩游戏是儿童的天性，是成长发育的需要，陪孩子一起玩游戏是一次修复亲子关系或释放不良情绪的绝佳机会。然而，对一些父母来说，陪孩子玩游戏是一件苦差事，若果真如此，父母需要强迫自己陪孩子一起玩吗？

🎯 能力

- **理解游戏的意义**

  如果父母能理解游戏对于孩子身心健康的意义，在陪孩子一起玩时就能更加从容放松。在游戏过程中，孩子能够掌握成年后所需的各项技能，形成自己的价值观，还能够表达内心的情感，修复情感创伤。

📦 依恋和游戏

- **游戏是一种增进亲子关系的方式**

  当然，有些父母可能更喜欢通过其他方式增进亲子关系。

- **如果孩子坚持要父母陪自己一起玩，父母就应当反思**

  父母要反思，自己在日常生活中是否尝试了其他增进亲子关系的方式；自己每天能抽多少时间与孩子相处，比如看看孩子、抱抱孩子、和孩子聊聊天、给孩子做做按摩等；是否可以邀请孩子一起做饭、打扫卫生、散步等。

父母之道

需求

- **主动调整自己，在能力范围内满足孩子的需求**

    可能有些父母会说："我们可以每天想一个有趣的小妙招去对付家里上蹿下跳的'熊孩子'，但坚持一周下来就会发现，我们早已疲惫不堪，再也幽默不起来了。"

- **切勿强迫自己陪玩**

    如果长期强迫自己陪孩子一起玩，久而久之，会产生被侵犯、被忽视的感觉，甚至可能对孩子心生怨恨。

- **偶尔失望的孩子并不是"不幸"的孩子**

    孩子让父母陪自己一起玩的愿望没有实现，他可能会觉得失望。但偶尔失望的孩子并不是"不幸"的孩子。不幸的孩子是从未感受过家庭温暖、从未体验过真实家庭关系的孩子。这类孩子的父母会仅仅为了维护成年人的尊严而拒绝孩子。

87

每次给孩子立规矩，
我都有罪恶感怎么办

对孩子的每个要求言听计从，表面上可以缓和家庭关系，还能塑造和蔼可亲的父母形象。但是长此以往，孩子的要求会越来越多，而父母则越来越像佣人，逐渐失去自我。不仅如此，孩子还会觉得所谓"爱"，就是付出一切，包括钱和自我，而"被爱"，就是毫无底线地接受一切。

🎯 能力

- **听听自己内心的声音**

    不妨问问自己：我知道孩子想要什么，但给他这些符合我的个性吗？符合我的价值观吗？在我可以承受的范围内（道德上、经济上）吗？这件事会影响孩子健康成长吗？会影响孩子身心发育吗？想通了这些问题也许就能让我们改变主意了。

- **思考我们眼中"重要行为"的习得方式**

    比如我们可以通过威胁的手段教孩子打招呼，比如对孩子说："跟奶奶问好，不然她就把蛋糕没收了。"我们也可以通过温和的手段教孩子打招呼，比如对孩子说："向人问好，就是告诉别人你很重视他。问好的方式有很多种，可以朝别人笑一笑，可以挥挥手，也可以说一句话。"

🟧 依恋和游戏

- **制定一些"荒谬的"规则**
  父母不妨制定一些看似荒谬的生活规则,要求孩子按照这些奇怪的规则行事(比如规定"不允许用十根手指头!"),如果孩子违反规则就佯装生气,然后和孩子追逐打闹。最后当然以父母摔倒投降而告终。

💗 关照自己

- **扛起责任**
  自己要为亲子互动的质量负责,不能一味"甩锅"给配偶或孩子。
- **反思理念**
  反思一下,我们传递给孩子的关于"爱"的理念是正确的吗?只会占上风、抱怨或只顾自己不顾他人的孩子是很难交到朋友的。

我的独家经验

- 作为父母,必须想办法改变自己的"盲目任务"。所谓善待式教育,既不应该成为我们对外自我标榜的方式(吹嘘自己是一位好爸爸或好妈妈),也不应该成为帮我们培养乖巧优秀孩子的方式。

88

我很难开口说"不"怎么办

身为父母,在适当的时候说"不",也是在教孩子学会拒绝。我们总不希望看到,孩子只会一味地说"好",最终被别人利用。

▲ 需求

- **说出我们的真实需求**
  当我们需要隐私的时候,如果只会要求孩子去外面玩是没用的,因为此时我们并未表明自己的真实需求。如果我们因为孩子在场而感觉不太自在,孩子是能够察觉的。

- **轻轻握起孩子的小手,不恐吓、不批评,温柔地纠正孩子的行为**
  从孩子的角度看,他得到了帮助和引导,还收获了来自父母的和蔼微笑。

⛅ 情绪

- **扛起应负的责任**
  注意说话时的措辞。如果我们总是用第三人称谈论自己(比如"妈妈累了"),成天指责别人(比如"你是不是疯了?你以为你是谁?"),或者使用一些"无人称表达"(比如"都是这样的,其他人也这样"),言语之间就会缺乏温度和热情,令孩子无法对我们的底线报以尊重。

🎯 能力

- **问问孩子的想法**
  比如可以问问孩子:"你觉得自己可以在吃饭前写完作业,然后出去玩一会儿吗?你打算怎么做呢?"

- **抛出问题,引发思考**
  比如可以问问孩子:"你应该怎么做呢?你还记得我们定的规矩吗?"

父母之道

❤ 关照自己

- **确定是否出现过伤害亲子关系的情况**
  比如孩子曾经想通过操纵父母或让其产生内疚感，而迫使父母做出让步。

- **消除恐惧，放下执念**
  问问自己：是否惧怕表露自己的情绪？又是否惧怕把悲伤传染给他人？同时要明白，孩子沮丧并不等同于孩子被虐待。

- **知道如何恰当地说"不"**
  我们应恰当地说"不"，保证在这一过程中不会破坏亲子关系。在这一过程中，我们应明确告知孩子自己应承担的责任，且充分理解孩子的观点，同时还应接纳孩子被拒绝后的情绪（很可能是负面情绪），且不认为这一情绪有辱自己脸面。

- **学会问心无愧地说"不"**
  - 可以根据实际情况（比如孩子的年龄、特殊情况、自身疲惫程度等）和真实感受，明确说"不"（或"好"）的标准。
  - 一个总是对孩子百依百顺的人也会引起孩子的怒火。孩子通过生气才能从沮丧中恢复过来。
  - 如果孩子的要求让我们恼火，不妨要求孩子给自己一点考虑时间，比如可以对孩子直说："我一时半会儿不知道该怎么回答你。给我点时间考虑。"
  - 时刻准备好倾听孩子的观点，并适时做出改变。

我觉得自己被孩子抛弃了怎么办

当孩子只依赖父母中的一方时,家庭内部会出现紧张局面:"被偏爱"的一方精疲力尽,"被抛弃"的一方不停抱怨,而一旦"被偏爱"的一方缺席,孩子就会感到彷徨无助。

📦 依恋和游戏

- **与孩子一起玩游戏是改善亲子关系的好方法**
  "被抛弃"的一方不妨通过游戏和孩子建立亲密关系。比如,如果孩子在睡前只爱黏着妈妈,那爸爸可以给孩子带来一套有趣的睡前仪式(但切忌强加),比如用"举高高"或"飞机抱"的形式把孩子抱上床。

💗 关照自己

- **安抚自己内心的孤独和痛苦**
  我们不妨像一位慈爱的、能给人巨大支持的家长那样,用同情的口吻跟自己说说话,比如可以对自己说:"你从来都不是一个人,我始终在你身边。"或者"看到没有人在你身边,我很难过,但这不是你的错。"

需求

- 厘清几个问题

  第一,父母是否需要靠"刷存在感"才能感觉自己在孩子心中的分量,才能觉得自己是受孩子喜爱的人?

  第二,想一想,家庭模式是否变形?比如,妈妈总是对孩子说:"如果你再这样,我就告诉爸爸,让爸爸来惩罚你。"如此一来,母亲就把管教孩子的重担推给了父亲,而父亲的形象又总和威胁恐吓联系在一起。

  第三,孩子为何只喜欢和父母中的一方待在一起?是否存在某些特殊原因?比如父母中的一方总是当着孩子的面指责另一方太严格、不近人情。

- 了解依恋情结

  了解依恋情结,有助于我们理解为何婴幼儿通常喜欢黏着母亲。在孩子的婴幼儿时期,最常照顾孩子的人通常会成为孩子的主要依恋对象。在初生阶段,孩子会不假思索地选择一个优先依恋对象,以确保生存下去。因此,婴儿更喜欢黏着母亲,是由依恋情结决定的,而非他们不爱自己的父亲。如果父亲能提升陪伴孩子的次数和质量,假以时日,同样能与孩子建立起亲密无间的父子关系。

- 俄狄浦斯情结(恋母情结)不可信

  部分孩子会表现出对父母中异性一方的依恋,但偏爱哪一方不能一概而论。出现这类依恋情结很可能与孩子所在家庭结构或父母在家庭教育中的参与度有关。

90 我感到不知所措和无助怎么办

在日常生活中，孩子会在许多时刻变身"小恶魔"，让我们筋疲力尽。

🌱 成长阶段

- **对孩子的行为缺乏理解会让我们常常面对"危机"**
  提前预判孩子的行为可以帮助我们有效应对危机。比如逛超市时，可以提前准备一瓶水，并给孩子下达一些任务（例如"去拿10个苹果！"），或者提前把孩子心仪的玩具列入购物清单。对于稍大些的孩子，可以让他们待在图书角读书。

- **当孩子习惯了被威胁恐吓，有可能"习惯成自然"**
  孩子料定，父母只会蔑视他的选择。

🎯 能力

- **不要在意他人的眼光**
  对评判与羞耻的恐惧会使我们无法及时感知孩子的需求，使我们无法给予孩子冷静和支持。如此一来，亲子冲突就会升级，这会让我们有一种无力感。

- **留存积极的记忆**
  我们要迫使大脑留存一些积极的记忆，这样才能实现正负能量平衡。不妨准备一个日记本，每天在其中记录一个美好的家庭场景。

- **真诚地与其他父母交流，但坚决反对相互攀比**
  这可以让大家相互信任，相互理解。

- **向周围人寻求鼓励**
  不妨直接对周围人说："我需要感受到自己的价值。跟我说说，我作为一名父亲/母亲的闪光点。"也可以在家中推行这种"认可文化"，以彰显每位家庭成员的每个积极举动（即便是微不足道的），并向他们明确表示感谢。

- **提前预判情况，制订计划**
  比如可以对自己说："如果我觉得自己的怒气值从3飙升到了7，我就哼一首歌。"或者"如果我觉得自己要打人了，我就想一想上次是怎么从容地克制自己的。"

✏️ 犯错的权利

- **承认为人父母的矛盾心理**
  责任感（帮孩子洗澡、半夜起来照看孩子、准备三餐、辅导作业）和内疚感（未能达到预期、未能成为受人称赞的父母、在精神压力下不堪重负）之间的边界是狭窄的。

- **扪心自问**
  不妨问问自己，在责任感和内疚感的角力中，自己的精神压力和精神收益是否均衡？是否会出现正向转变？如果发现精神压力大于精神收益，那就没有任何人有资格让你感到内疚（比如，你因为没能和孩子一起练习弹钢琴而内疚）。

91

我不能善待自己怎么办

善待自己能让我们坦然接受理想（母慈子孝）和现实（鸡飞狗跳）之间的落差。善待自己也能让我们坦然接受这种落差带来的沮丧。事实上，这种落差往往会触动我们深层的价值观，使我们陷入负面情绪的旋涡。

▲ 需求

- **像安慰自己伤心的朋友那样安慰自己**

  当自己的朋友陷入悲伤时，我们会一只手拉着他，另一只手放在他的肩头。当我们自己感到伤心时，不妨也用同样的方法安慰自己。

- **评估对外部支持的需求**

  不妨问问自己：我与其他父母充分沟通交流过吗？我们共度过幸福的家庭时光吗？就个人而言，我有片刻放松时间吗？谁又能滋养我的灵魂？

情绪

- **正视自己的感觉**

  这些感觉包括厌恶、沮丧、挫败、悲观、困惑、内疚等，正视它们，不要压抑，不要否认。要知道，如果你否认这些负面情绪的存在，你就无法对其进行消除，也就无法让自己恢复过来。

- **学会倾听自己**

  与其不断鞭策自己，不如同情一下失意、受伤的自己。比如，不妨对自己说："真是太痛苦了！我做了那么多，都没办法达到自己的目标。看到事情没有朝着自己想的方向发展时，我真的很沮丧。"

父母之道

🎯 **能力**

- **行动起来，缩小理想和现实之间的差距**

  不妨问问自己：

  – 我想活成什么样子？我内心深处的愿望是什么？我的愿望脱离实际吗？

  – 我的行动得到了什么结果？和我的愿望匹配吗？

  – 如果行动没能达成愿望，我可以做出哪些调整？今天晚上能落实哪些事情？

- **放弃不切实际的幻想**

  完成一天的工作后，还要准备晚餐、辅导作业，这很难让人心平气和地去做其他事情。

- **列举一个自己身上的优点**

  可以请他人通过一些具体事例详细阐述自己身上的闪光点。

92
我感到自己筋疲力尽了怎么办

"照顾好自己！"我们经常在育儿过程中得到这样的建议。听到这句话，为人父母者只能在一旁苦笑。照顾好自己就是每晚只睡5小时吗？疲惫已经让父母再没有力气制订新策略去解决问题了。此外，当一个人累到崩溃的时候很难做到不发脾气，很容易出现动作激烈、言辞粗暴的情况，从而影响家庭氛围。

🏠 环境

- **另一半应当扛起责任**
  比如，如果妈妈累坏了，那爸爸就应该扛起责任。总之，无论是妈妈还是爸爸，都能够照顾好孩子。
- **创建或寻找一处"母爱合作社"**[1]
- **问问自己，为什么要做这些事**
  是为了让自己开心，是履行义务，是模仿他人，还是避免内疚？再问问自己，如果这些事没有做或晚点再做，又会怎样？

🎯 能力

- **想象有一个天平**
  天平的一端是让人"满血复活"的"装备"，天平的另一端是令人焦头烂额的"压力源"，有些压力与生活环境有关，有些压力与个性或健康有关，还有些压力与亲子关系有关，比如另一半没时间陪自己带孩子或长期遭受旁人施加的压力。这一想象可以让我们迅速看清眼下存在的不平衡状况，同时思考如何补救，比如哪几个压力源可以被消除？又有哪些"装备"可以增加？

---

[1] 语出莎拉·布莱弗·赫迪（Sarah Blaffer Hrdy），她是美国人类学家、作家。——译者注

- **培养孩子的自主性**

  比如带孩子一起做家务等。

需求

- **让身边人了解自己的疲惫程度**

  如果沟通无效,还可以使出最后几招:离家一星期或者直接罢工……这几招其实是一种呼救,可以同时向身边人说出个人诉求,即自己的感受、自己的希望以及自己在婚姻生活中的期待等。

关照自己

- **问问自己"好父母"的定义是什么**

  是把自己变成随叫随到的司机,是把自己变成能做出营养低脂有机餐的厨师,还是把自己变成能随时随地让房间保持干净整洁的清洁工?

93 我总是把孩子的需要放在我的需要之前怎么办

"善待式教育"不是用善意来掩盖说"不"的恐惧。委曲求全不是爱，被迫做出的"善待式教育"也于孩子无益。如果父母只会一味牺牲自己，那培养出的孩子多半也成不了大器。在真正的善待式教育中，孩子能够感受到自己被认真对待，父母也应该有这样的感受。

🎯 能力

- **真诚地提出意见，而不是滥用父母的权力**

  孩子有权了解父母的观点，然后考虑是否采纳，丹麦教育学家杰斯珀·尤尔将之称为"影响力"，即大人应当自由地表达自己的看法，说话不要兜圈子，也不要哄骗孩子。

- **清楚地告诉孩子父母的底线**

🔺 需求

- **明确目标与动机，在此基础上开诚布公地与孩子交流**

  比如，我们不妨问问自己，为什么总坚持让孩子早点上床睡觉？也许我们确实是为孩子的健康着想，但也可能或多或少存在某些隐藏动机，如我们需要一个安静的二人世界。但作为父母的我们很少会把真相告诉孩子，相反，我们总是对其遮遮掩掩，要么对孩子说"早睡是为了你好"，要么直接连哄带骗："乖一点，爸爸累了"。

情绪

- **找人倾诉**

  不妨找个人倾诉自己平日无法言说的感受，比如有时真想伸手给孩子几巴掌，比如很想把孩子丢掉，再比如自己其实更喜欢另一个乖巧懂事不添乱的孩子。我们也可以把这些想法写下来。

- **拒绝不等于专制**

  孩子的失望并非心灵创伤，失望与心灵创伤的区别在于，孩子可以自由地表达失望之情。

关照自己

- **转变观念**

  自己不妨想一想：是不是只有取悦他人才能让自己感觉被爱？是不是因为害怕被抛弃所以才步步退让？是不是不同意就代表不爱？是不是把他人的需求放在优先位就坐实了自己"受气包"的位子？

94 我无法控制自己的愤怒情绪怎么办

父母需要承担起增进亲子关系的责任。而父母的个人经历、文化程度和社会背景都会在其观念和行为上有所映射，比如有些父母会认为"如果没有被打骂体罚，我可能早就学坏了"，于是想采用"善待式教育"的一腔热情就此打消。除此之外，生活中的压力、疲惫或孤独还时常会勾起自己的伤心往事。所以，如果能从个人背景和过往经历入手，也许能更好地处理家庭关系。

❤ 关照自己

- **向孩子解释清楚自己失控的原因**

  告诉孩子这不是他引起的，只是爸爸/妈妈想起了自己曾经的经历。我们在别处压着的怒火（对同事的、对另一半的）可能都会撒在孩子身上，一是因为孩子处于弱势地位，二是因为孩子无法逃离我们。我们往往认为，我们有权把自己的情绪发泄在处于自己掌控之下的其他人身上。

- **与孩子冷静地讨论发生的事**
  - 说说我们的反应为什么既没有用又不合适。
  - 想想如果换种方式是否会好一些。
  - 承诺自己会努力改变，以防类似情况出现，例如练习如何向孩子表达爱意。
  - 问问孩子他希望我们做些什么。

- **口头道歉的同时，关注孩子的情绪变化**

  孩子很可能会恐惧、伤心甚至愤怒。

- **在发脾气前，请告知孩子**

  提前告诉孩子自己要发脾气了，可以防止孩子误认为我们的过激举动是在针对他。如果孩子感受到被尊重，他也能表现得更加贴心。事后，我们也可以向孩子表示感谢，感谢他尊重了我们的情感需求。

- **保证从今往后不再把孩子当作自己发泄情绪的沙袋**

  如果哪天孩子又打碎了一个花瓶，我们可以对孩子说"我很伤心，因为这个花瓶是我的心头好"，而不是冲着孩子吼"你怎么这么笨，等着挨打吧，下次给我小心一点"。

- **问问自己，乱发脾气对增进家庭关系有什么用**

  问问自己：难道这是我与其他家庭成员（孩子、另一半）更亲近的唯一方式？难道除此之外没有别的方式？

95

我惩罚了孩子,但对此感觉很内疚怎么办

如果我们一味后悔、内疚,只会让自己陷入内耗,对改善亲子关系毫无益处。我们应该让后悔和内疚成为动力,促使我们改进自己的行为。

📦 依恋和游戏

- **给孩子讲述自己的成长环境**
  比如,可以跟孩子说,因为爸爸/妈妈是在打骂和体罚中长大的,所以有时很难控制往自己的情绪和行为,但爸爸/妈妈已经意识到不能用同样的方法对待他。

🔺 需求

- **后悔和内疚表明我们内心的想法与行动不一致**
  比如,我们意识到某些行为(如强行把孩子关禁闭等)会对孩子的心理健康造成伤害时,会感到内疚,因为我们内心其实有着更高的道德准则,觉得身为父母理所当然应保护好自己的孩子。

🌤 情绪

- **深入自己的内心,感受内疚带来的悲伤和恐惧**

  比如,我们害怕因此伤害了孩子,不知道自己还能做些什么。实在难受,就尽情地哭一场吧。

- **在行动中进步,在锤炼中成长**

  打骂孩子后产生的内疚感会促使我们不断改正自己的行为,让自己对待孩子的方式逐渐符合内心的道德准则。一旦行为达标,内疚感就会随之消失。

- **抓住后悔和内疚的"窗口期",做一些改变**

  改变可以是循序渐进的,也可以是翻天覆地的(比如父母一方不得不辞去工作等)。

💗 关照自己

- **放弃幻想,放过自己**

  放弃不切实际的幻想!不要总觉得自己可以一直顺风顺水。如果我们始终追求完美,就经常会因为没能实现目标而感到挫败(尤其是我们往往觉得别人都能做到),最后就可能迁怒孩子,认为是孩子阻碍了自己成功的脚步。

96

我吼了孩子，不知道该如何修复亲子关系怎么办

如果我们犯错后能向孩子承认自己的错误，那孩子也会模仿我们，在自己犯错之后勇敢承认，而且不会觉得自己软弱无能。这样的言传身教，不仅能让孩子学会为自己的行为负责，也能让孩子明白自己不应该在打骂中成长。一次失败的教育同时也是一次契机，促使我们成为更好的父母。

🎯 能力

- **扛下责任，承认错误**
  如果我们想让孩子学会真诚地向他人道歉，那我们自己就必须以身作则，承认自己的错误。

- **暴力行为或语言无法彻底解决问题**
  比如可以对孩子说："这种行为不可接受。爸爸/妈妈有时也会犯错。这是个严重的错误，我真诚地向你说声对不起。"

💬 共情

- **关注孩子受伤的身心**
  比如可以对孩子说："我吓到你了吧。你一定生我的气了。我接受，你生气很正常，我不该吼你的。"

- **问问孩子是否接受道歉**
  如果孩子不肯接受道歉，那就给他一点时间。试图通过不停地骚扰他求得原谅是没有用的。

- **如果存在误解，要及时化解**
  比如可以对孩子说："刚才是我没明白你的意思，我不知道你害怕那条狗，是我考虑不周。比起害怕，你更觉得伤心吧。"

♥ 关照自己

- **用温柔的话语安慰自己**
  比如可以温柔地对自己说:"我想知道自己能不能达到心中的目标。虽然这需要点时间,而且我肯定会时不时崩溃,但我相信自己,并发自内心地觉得自己会变得更好。"

- **如有必要,及时干预**
  如果频繁出现暴力行为,请及时咨询家庭教育专家或心理医生。

97

我"倾听"了孩子的情绪却无能为力怎么办

有时候,我们"倾听"了孩子的情绪,还用语言对他的情绪进行了阐述,孩子的情绪反而越来越强烈。这可能说明,"倾听"确实对孩子有所帮助,他内心深处的情绪"倾泻"而出。

🟧 依恋和游戏

- **运用幽默的力量**

  比如可以对孩子说:"啊!饼干掉到地上了,真让人伤心!你原本可以美滋滋地把它吃进肚子里。嗯……不过我知道有个小家伙很开心。你看,那儿有只小麻雀正看着我们呢,等我们走了,它会吃得很开心的。"

💬 共情

- **少说话,同时注意语气和情绪要一致**

  比如,当我们面对一个气鼓鼓的孩子时,不妨对他这么说:"你太生气了!想把一切都摔碎!"或者"这条'愚蠢'的拉链怎么就拉不上呢!"

- **不要问个没完**

  试想,如果孩子能清楚地表达自己的情绪,情况也不至于发展成这样!

▲ 需求

- **必要时，不说一句话，不做任何事**

  如果孩子还在气头上，你就迫不及待地把他紧紧搂在怀中，可能会使他更生气。如果把孩子抱离原来的环境，让他出去跑一跑、哭一哭或者喊一喊，孩子可能会好受些。

- **不要大惊小怪**

  其实只要和孩子说一些家常事即可，比如"要准备做晚饭/叠衣服了，如果你愿意，就来参与吧！"

♥ 关照自己

- **反思孩子发脾气是否与我们有关**

  不妨问问自己：我们是不是以倾听孩子的名义追着孩子问个没完，以致孩子用发脾气的方式来"透透气"？发脾气是不是孩子想引起关注的一种方式（比如孩子在学校里受到了霸凌，想让父母关注此事）？孩子在目前的家庭环境中（如父母吵架、父母偏爱其他孩子、父母过度关注成绩、父母疏远孩子）过得是否开心？

✎ 犯错的权力

- **允许自己在解决问题的过程中犯错**

  如果发现孩子的行为没有改变，就说明我们解决问题的方法不对，我们没有理解孩子做出这种行为的真正原因。

98 我和另一半无法就教育问题达成一致怎么办

夫妻双方都应该明确婚姻中"权力游戏"的范围，一旦发现权力越界就应立刻叫停。经营好婚姻，也是成为好父母的基础。

🎯 能力

- **积极寻找替代方案**
  不要总想着揪另一半的错处。比如可以对另一半说："如果你觉得快崩溃了，可以相信我，依靠我。我们站在同一战线，我爱你。"

- **共同解决问题**
  比如夫妻二人可以商量："冷静点！现在得想想怎么重新跟孩子说。你想不想听听，如果我是你，我会怎么做？"

- **探究使用"棍棒式教育"方式的情形**
  如果另一半接受能力比较强，不妨给他/她讲讲依恋关系的类型和创伤性记忆的运行机制。崇尚威权主义的家长往往害怕自己做不成好父亲/好母亲，害怕意识到原来自己的父母根本不爱自己，害怕失去孩子的尊重。

🔶 依恋和游戏

- **矛盾过后尝试和解**
  比如可以对另一半说："我本想语气更委婉些的。我们能再给彼此一次机会吗？"

- **多一点幽默和笑容**
  不妨幽默地聊一聊我们的固执、我们的臭脾气、我们的小怪癖。

- **给另一半留点喘息时间**
  不要总抓着他/她不放，或成天在他/她面前抱怨。要知道，婚姻质量会影响孩子的身心健康。

💬 共情

- **如果另一半指责我们对孩子管得太松或太好说话，不妨直接说出他/她的心里话**
  "确实，你小时候挨过耳光，你觉得父母的教育方式还不错。但那是在以前，那时候的人通常只会这样教育孩子。现在大家都知道扇孩子耳光根本没用且有害。我知道，我们共同的目标就是让孩子能在社会上立足，我们可以一起寻找适合的方法，一起努力。"

- **理解另一半的情绪变化**
  不妨说一句："我知道他/她会在哪个点爆发，在那一刻他/她肯定无法保持冷静。"

❤️ 关照自己

- **依靠自我共情，与自己和解**
  如果在孩子的教育问题上与另一半发生分歧，我们自己可能会产生痛苦的情绪，比如为孩子感到担心、为夫妻关系的疏远感到伤心、为自己的价值观受到嘲笑感到愤怒等。此时，不妨提醒自己一句：人生漫漫，道阻且长。

- **心平气和地强调自己的价值观**
  比如可以在家中宣布："在这个家里，不能动手打人，意思就是，孩子不能打大人，大人也不能打孩子。"

99 我受不了别人的批评和说教怎么办

无论是亲戚朋友还是陌生人，都可能对我们的育儿方式指手画脚，他们尤其喜欢好心灌输一些育儿经验，比如哺乳期要长一点，要怎么正确地抱孩子，不要让孩子啼哭不止等。这些不请自来的建议往往会让新手爸妈对自己的养育能力产生怀疑。面对这种情况，一定要遵从自己的内心，采纳真正适合孩子和自己的建议。

🏠 环境

- **与其他新手爸妈交流感受**
  本着互相学习、互相鼓励的目的，交流彼此的困惑和心得，当好彼此的"帮帮团"。

🎯 能力

- **用语言试探情况的变化**
  如果已经发现双方无法达成共识，可以及时终止讨论。

- **说出自己的需求**
  比如可以说："我发现，当我们升级做爸爸妈妈之后，收到了许许多多的建议。但我们最需要的，是找人倾诉遇到的困惑和困难。"

🔺 需求

- **如果有人给我们提出建议，先感谢他人的建议，然后表达自己的看法**
  不妨对他说："你认为我的做法效率低下，感谢你能这么坦诚地告诉我。但我也希望你在提出建议之前先问问我愿不愿意听听你的建议，你这样直接质疑我，都快让我对自己的那套'育儿理论'产生怀疑了。"

父母之道

- **明确说出自己的需求，保证交流顺利进行**

  不妨对他说："谢谢你提醒我其中存在的风险，我真的十分感谢你给予我的帮助。但在目前的情况下，我还是想用自己的方式，在摸索中慢慢前进。"

♥ 关照自己

- **不要把别人指出的问题都当成自己的问题**

  批评者谈论的往往都是他们自己内心的恐惧，他们表达的是自己的观念，这些观念可能是他们家祖祖辈辈传下来的，可能是他们自己的文化中独有的，也可能是受了他们父母的影响。

- **权当耳旁风**

  点点头或不吱声就可以表示自己接收到了建议。如果我们过于重视批评和建议，那我们很可能会采纳这些听起来让人放心的建议，尽管我们的内心并不认同。

100

我需要支持，但不知道该向谁求助怎么办

一旦有了想冲着孩子大吼甚至想把他从窗户扔出去的念头，就该去寻求帮助了。办法总比困难多，车到山前必有路！

🏠 **环境**

- **加入"帮帮团"或参加由专业团体组织的线下亲子活动**
  有一些互助组织会定期在各地组织线上论坛或线下会议。政府也会为广大家长搭建许多交流平台，如家庭矛盾调解网站、婴幼儿资讯网站、家长热线等。

- **列一张求助对象名单**
  遇到困难时，可以打电话约亲朋好友出来聊聊天。

🎯 能力

- **制订应急预案**

  提前计划好，万一自己情绪崩溃，该如何应对，比如直接撒手不管、暂时离家、出去呼吸下新鲜空气、给值得信任的人或专业人士打电话、向周围的人寻求援助（如提前准备好一些速冻食品，请别人帮忙热一下饭，或请别人暂时照顾家中的老人）等。

- **找出孩子最令人恼火的三个行为，描述自己在那些时刻的感受**

  比如可以说："我觉得……""那让我想起……"或者"我希望看到的表现是……"然后下定决心付诸行动，可以对自己说："对我来说，首先要改正的是……从明天开始我要这么做……"一周后进行评估，看看自己有哪些进步，主要体现在哪几个方面，哪些地方比较容易改进，还存在哪些困难，该怎么克服。

🔺 需求

- **提出具体的要求**

  尽可能准确地描述对另一半及孩子（这段时间）的期待。

- **给孩子减减负**

  孩子满满的日程安排会让本来就压力山大的父母负担更重。

- **照顾好自己，避免过度疲劳**

  人的精力都是有限的，我们就像汽车一样，也需要定期"加油"。有时短短几分钟的呼吸练习就可以给自己"加油"。